Werner Knigge

Die Magie der guten Ausstrahlung

Für Paula und Sabine

Werner Knigge

Die Magie der guten Ausstrahlung

Souverän und überzeugend auftreten

Charme und Charisma entfalten

Bibliografische Information der Deutschen Nationalbibliothek
Die Deutsche Nationalbibliothek verzeichnet diese Publikation in der Deutschen
Nationalbibliografie; detaillierte bibliografische Daten sind im Internet über
http://dnb.ddb.de abrufbar.

ISBN 978-3-86910-476-8

Dieses Buch gibt es auch als E-Book:
ISBN PDF   978-3-86910-596-3
ISBN EPUB 978-3-86910-595-6

Der Autor: Werner Knigge hat das Erbe seines berühmten Verwandten übernommen und dessen Erkenntnisse „über den Umgang mit Menschen" auf die heutige
Zeit übertragen. Er ist seit über 15 Jahren Trainer und Seminarleiter. Seine Themen
sind Kommunikation, Ausstrahlung, Erfolgsstrategien, Verhandlungsführung.

Originalausgabe

© 2011 humboldt
Eine Marke der Schlüterschen Verlagsgesellschaft mbH & Co. KG,
Hans-Böckler-Allee 7, 30173 Hannover
www.schluetersche.de
www.humboldt.de

Covergestaltung: DSP Zeitgeist GmbH, Ettlingen
Innengestaltung: akuSatz Andrea Kunkel, Stuttgart
Titelfoto: Image Source/Getty Images
Satz: PER Medien+Marketing GmbH, Braunschweig
Druck: Grafisches Centrum Cuno GmbH & Co. KG, Calbe

Hergestellt in Deutschland.
Gedruckt auf Papier aus nachhaltiger Forstwirtschaft.

Inhalt

Einleitung

Der Mensch ist, was er denkt.
Was er denkt, strahlt er aus.
Was er ausstrahlt, zieht er an.   Unbekannter Autor

Die Magie einer guten Ausstrahlung ...

… ist erlernbar.

Warum gibt es eigentlich in der Schule kein Unterrichts-
fach zum Thema Ausstrahlung? Nimmt man den Nutzen
im späteren Leben als Maßstab, würde einiges dafür sprechen, sie als Thema zu behandeln. Im Vergleich zur Umsetzung gewisser Fächer wie Latein oder Physik (ich bitte alle
betroffenen Lehrer um Entschuldigung) bietet das „Fach"
Ausstrahlung im späteren Leben sicher weit mehr Erfolgs-
potenzial. In vielen Bereichen unserer beruflichen Tätig-
keiten und in ebenso vielen privaten Momenten ist eine
erhöhte Ausstrahlung ein gewinnbringender Vorteil. Die
Möglichkeiten, mit physikalischen Formeln oder einer toten
Sprache zu glänzen, sind hier sicherlich spärlicher anzutreffen.

Immer, wenn wir mit Menschen in Kontakt treten, ist eine
hohe positive Ausstrahlung eine Kompetenz, mit der sich

auch Mängel in anderen Kompetenzbereichen spielend kaschieren lassen (etwa die bereits erwähnten).

Führen Sie sich bitte folgende Situation vor Augen:
Ein Mensch betritt den Raum und im gleichen Moment richtet sich die Aufmerksamkeit der anderen Anwesenden auf diese Person. Beinahe wie ein Magnet zieht diese Person die Sinne anderer Menschen auf sich. Und dieses Phänomen tritt bei beruflichen Meetings und privaten Partys gleichermaßen auf.

Kennen Sie diese Situationen? Ich bin mir sicher, Sie sind in Ihrem Leben solchen Menschen bereits begegnet.

Warum besitzen manche Menschen offensichtlich mehr Ausstrahlung als andere? Was zeichnet diese Menschen aus? Und ist diese Ausstrahlung etwas, was man und frau erlernen kann? Und wenn ja, wie? Auf diese Fragen gibt dieser Ratgeber leicht nachvollziehbare Antworten.

Was wir genau bei charismatischen Menschen wahrnehmen, ist schwer zu beschreiben. Ausstrahlung zeigt sich in einer sehr feinen Körpersprache, die aber von jedem von uns verstanden wird. Ausstrahlung ist ein komplexes Zusammenspiel von Mimik, Gestik, Körperhaltung und Sprache. Sie zu trainieren stellt aufgrund ihrer Komplexität eine große Herausforderung dar und ist ohne den entsprechenden inneren Zustand zum Scheitern verurteilt. Dies dürfte nur einigen herausragenden Schauspielern gelingen.

Viel sinnvoller ist es daher, sich mit dem inneren Zustand und dem persönlichen Energiehaushalt zu beschäftigen. Wie erreichen wir ein hohes positives Energieniveau? Und wie können wir es dauerhaft halten?

Viele Menschen scheitern bei dem Thema Ausstrahlung, weil sie nur an die äußere Fassade denken und sich in Effekthascherei üben, indem sie in erster Linie an Accessoires wie Kleidung, Schmuck, Make-up oder die teure Uhr denken. Wie wir alle wissen, kann ich einen nicht so schön geratenen Weihnachtsbaum mit einer geschickten Anordnung von Lametta und Weihnachtskugeln durchaus geraten erscheinen lassen. Zumindest auf den ersten Blick.

Mit dieser Aktion beweise ich jedoch im Grunde zwei Überzeugungen:
1. Ich empfinde den Baum als hässlich.
2. Nicht der Baum ist wichtig, sondern der Eindruck, den er vermittelt.

Stellen Sie sich vor, wir würden ein in seiner Bausubstanz marodes Haus ständig mit frischer Farbe überstreichen, um auf diese Weise einen nach außen positiven Eindruck zu erzielen. Es wird viel Mühe aufzuwenden sein, den immer wieder durchkommenden wahren (maroden) Zustand zu übertünchen. Aber langfristig gesehen, wird sich der Zustand des Hauses nicht ändern, da nicht an der Bausubstanz gearbeitet wird.

Der zweite Punkt gibt einen Hinweis auf unser Wertigkeitsprinzip. Im Vordergrund steht der Schein – und nicht das Sein.

Mit anderen Worten: Das Prinzip „von innen nach außen" mag zu Beginn eine etwas höhere Investition an Zeit, Geduld und Arbeit bedeuten. Der klare Vorteil besteht aber darin, dass der dann gewonnene innere Zustand automatisch zu der gewünschten Ausstrahlung führt. Kurzum: Ausstrahlung ist eine logische Folge des inneren Zustands. Angewendet auf das oben genannte Beispiel des maroden Hauses bedeutet dies: Bei einer umfassenden Instandsetzung des Hauses, indem die Bausubstanz geprüft und Schritt für Schritt erneuert/renoviert wird, hat man anschließend lange Zeit viel Freude an diesem Haus – ohne einen ständigen Reparaturaufwand, der wiederum Zeit und Nerven kosten würde.

Diese Art von Ausstrahlung übersteht auch den zweiten Eindruck. „Von innen nach außen" bedeutet, den Kern, die Quelle der Ausstrahlung, zu betrachten und freizulegen.

Im zweiten Schritt beschreibe ich die Umstände, die unseren inneren Zustand beeinflussen. Die Gesellschaft, in der wir leben, prägt uns; ob wir wollen oder nicht. Die Prägung unserer westlichen Zivilisation zeigt eine klare Richtung auf. Einiges an dieser Prägung ist für die Ausstrahlung förderlich, einiges verhindert sie. Wenn ich diese Prägung verstehe, besteht die Chance, die Quelle meiner persönlichen Ausstrahlung freizulegen und sie in Balance mit den äußeren Einflüssen zu bringen.

Im dritten Teil des Buches werden wir die Erkenntnisse eines aufstrebenden Wissenschaftszweigs betrachten: der Glücksforschung. Es liegt auf der Hand, dass eine Ausstrahlung, die von anderen Menschen als magisch empfunden wird, etwas mit einem zumindest als glücklich empfundenen Leben zu tun hat. Der vierte Teil zeigt anschaulich, wie die innere Balance zur Ausstrahlung führt.

Dabei beweist dieses Buch, dass hierfür keine mystischen oder spirituellen Überzeugungen erforderlich sind. Es zeigt vielmehr einen pragmatischen Weg auf, den jeder gehen kann, der bereit ist, sich mit sich selbst zu beschäftigen. Dies ist der Kern des fünften Abschnitts. In diesem stelle ich Ihnen ein Trainingsprogramm vor, das ihre individuelle Persönlichkeit berücksichtigt und zur Entwicklung einer magischen Ausstrahlung führt.

Und schließlich das Abschlusskapitel – der sechste Teil: In der Magie einer guten Ausstrahlung wohnt die Fähigkeit inne, die Aufmerksamkeit anderer auf sich zu lenken und sie festzuhalten. Dieser Teil präsentiert die Faktoren, die entscheidend sind, um langfristig und nachhaltig zu „wirken". Man könnte die Botschaft mit folgenden Worten zusammenfassen: Wer wirkt, gewinnt.

Ich bin in meinen Seminaren vielen Menschen begegnet, die diesen Weg bereits beschritten haben. Dabei handelte es sich um Menschen, die mitten im Leben stehen und als Verkäufer, Arzt, Hausfrau oder Führungskraft mit den gleichen Bedingungen und Widrigkeiten umgehen und zu kämpfen haben, die uns allen in unserer Gesellschaft begegnen.

Noch etwas:
Ich biete Ihnen in diesem Buch etwas Ungewöhnliches an. Ich lade Sie an verschiedenen Stellen dieses Buchs ein, Co-Autor zu werden. In gewissen Passagen werden Sie feststellen, dass der Text unterbrochen ist. An diesen Stellen möchte ich Ihnen die Gelegenheit geben, den angesprochenen Gedanken mit Ihren eigenen Ideen fortzusetzen. Möchten Sie noch einen Schritt weitergehen, würde ich mich freuen, wenn Sie mir Ihre Gedanken an folgende E-Mail-Adresse senden:
werner.knigge@success-in-balance.de

Die Entstehung der Ausstrahlung

Wahre Größe ist eine innere Errungenschaft;
wenn ein Mensch wahre Größe besitzt,
strahlt er sie ohne sein eigenes Zutun aus.   Meister Hsing Yun

Warum sind wir eigentlich so ausstrahlungsarm? Die meisten Menschen befinden sich in einem mangelhaften Energiezustand. Dass dem so ist, können Sie jeden Tag beobachten. Sie brauchen sich nur die Menschen, die Sie umgeben, zu betrachten. Wie vielen Menschen begegnen Sie am Tag, denen Sie eine hohe positive Wirkung zuschreiben würden?

Angenommen, Sie wären Leiter einer Show namens „Deutschland sucht den Menschen mit der besten Ausstrahlung". Sie begeben sich nun auf Entdeckungsreise. Sie suchen quer durch Deutschland nach Anwärtern für diesen Preis. Sie suchen auf öffentlichen Plätzen, in Unternehmen, im Freibad und in Restaurants. Wie lange werden Sie nach Ihrer Einschätzung unterwegs sein, um hundert Kandidaten für die Show zu finden?

Ich komme nicht nur in meinen Trainings mit vielen Menschen in Kontakt. Wenn ich zu Veranstaltungen reise, nutze ich meist öffentliche Verkehrsmittel, wie S-Bahn, Zug oder

Flugzeug. Dies bietet mir viele Gelegenheiten, Menschen zu betrachten. Das Ergebnis: Maximal jedem Zwanzigsten, dem ich begegne, würde ich einen positiven Energiezustand zuschreiben. Falls Sie sich gerade im Moment in einem öffentlichen Verkehrsmittel bewegen, dann nutzen Sie jetzt die Gelegenheit, sich einmal umzusehen und meine Prognose zu überprüfen. Die positive Erkenntnis aus dieser Beobachtung könnte sein: Es benötigt nicht viel, um andere hinsichtlich der Ausstrahlung zu übertreffen beziehungsweise aus der Masse herauszuragen.

Aber darum soll es in diesem Buch vordergründig gar nicht gehen. Denn wenn wir zuallererst nach dem Nutzen unserer Ausstrahlung fragen, begehen wir bereits den größten Fehler. Wir verlieren das Prinzip „von innen nach außen" aus den Augen. Fangen wir also nicht mit den *Folgen* einer positiven Ausstrahlung an, sondern mit den *Ursachen*. Für den Moment ist es ausreichend, wenn wir für die Wertigkeit dieses Themas sensibilisiert und motiviert sind.

✎ _____

_____

_____

_____

_____

_____

_____

_____

_____

_____

_____

_____

_____

_____

(An dieser Stelle besteht die in der Einleitung angesprochene Gelegenheit, Co-Autor dieses Buches zu werden. Formulieren Sie Ihre eigenen Gedanken zu dem angesprochenen Thema!)

Alles eine Frage der Energie

Wenn Sie eine Reise in sich selbst hinein unternehmen,
sich all des Inhalts entledigen, den Sie angesammelt haben,
und ganz, ganz tief eindringen, dann ist da dieser weite Raum,
die sogenannte Leere, die voller Energie ist.

Krishnamurti, Vollkommene Freiheit

Wie der Begriff bereits vermuten lässt, hat Ausstrahlung etwas mit Energie zu tun. Damit etwas strahlen kann, benötigt es eine Energiequelle, und je größer die Energiequelle, desto heller wird die Leuchtkraft.

Dies ist bei der menschlichen Ausstrahlung nicht anders. Der innere energetische Zustand spiegelt sich in der Wirkung auf andere Menschen wider.

Der oben zitierte Satz des indischen Philosophen Krishnamurti besagt, dass der Mensch über eine unerschöpfliche Energie verfügt. Jedoch auch, dass der Zugang zu dieser Energie für uns weitgehend verschüttet ist – durch Dinge, die wir im Alltag ansammeln. Je besser es uns gelingt, diese „Ansammlungen" für gewisse Momente beiseitezulegen, desto mehr erhalten wir den Zugang zu dieser Energie.

Im Gegensatz zu unserer westlichen Welt besitzt der Begriff der Energie im asiatischen Raum einen wesentlich höheren Stellenwert. Übersetzt mit dem Wort Chi (auch Qi) bildet er den Ursprung bei der Behandlung von Krankheiten und den Weg für eine hohe Lebensqualität. So ist nach der traditionellen chinesischen Medizin jede Krankheit auf ein schwaches oder gestörtes Qi zurückzuführen. Auch bei uns gewinnt die Integration dieser Philosophie in die westliche Medizin immer mehr Anhänger.

Viele von uns nutzen östliche Entspannungstechniken und Meditationsübungen zum Ansammeln eines erhöhten Chi und damit für mehr Gelassenheit und Lebensqualität.

Paart sich diese Energie mit einer verstärkten Ausgeglichenheit, die wiederum auf Gelassenheit und Selbstsicherheit beruht, ergibt sich zwangsläufig eine hohe Ausstrahlung.

Ausstrahlung ist das Ergebnis einer hohen positiven Energie und einer inneren Ausgeglichenheit:
Ausstrahlung = Energie × Ausgeglichenheit

Das Prinzip „von innen nach außen"

Es ist eine große Torheit, um „nach außen" zu gewinnen,
„nach innen" zu verlieren, das heißt für Glanz, Prunk,
Titel und Ehre, seine Ruhe, Muße und Unabhängigkeit
ganz oder großenteils hinzugeben.

Arthur Schopenhauer, Aphorismen zur Lebensweisheit

Bei dem Prinzip „von innen nach außen" handelt es sich um ein bewährtes Erfolgsrezept für Nachhaltigkeit und Authentizität. In seinem Buch „Die 7 Wege zur Effektivität" hat der Selbstmanagementexperte Stephen R. Covey dieses Prinzip anschaulich beschrieben.

Zunächst skizziert Covey eine Entwicklung, die einen Hang zur Oberflächlichkeit zur Folge hatte. Er datiert diesen Umschwung auf die Zeit nach dem Ersten Weltkrieg und beschreibt ihn als den Wandel von der Charakter-Ethik zur Image-Ethik. Während die Charak-

Charakter-Ethik und Image-Ethik ter-Ethik auf charakterlichen Eigenschaften wie Integrität, Gerechtigkeit und Bescheidenheit basierte, geht es bei der Image-Ethik in erster Linie um Prestige, Geltung und den persönlichen Nutzen: Welche Einstellung führt mich zum Erfolg? Wie gelingt es mir, mich und andere so zu manipulieren, dass ich „erfolgreich" bin?

Bei der Charakter-Ethik standen Grundwerte im Mittelpunkt. Das Ziel eines erfüllten Lebens bestand daran, sein Handeln nach dieser Grundethik auszurichten. Bei der Image-Ethik dienen diese Werte höchstens noch dazu, sie als taktisches Mittel zur Manipulation anderer einzusetzen. Das Ziel besteht nun darin, Macht, Einfluss und materielle Vorteile zu erreichen.

Dass sich die von Covey beschriebene Image-Ethik in unserem Alltag fest eingenistet hat, können Sie jeden Tag beobachten. Betrachten Sie zum Beispiel die Werbung, mit der wir jeden Tag, nahezu ununterbrochen, manipuliert werden. Das Ziel dieser Werbung besteht darin, Produkte von Unternehmen an den Mann oder die Frau zu bringen. Eigentlich könnte ein Deodorantproduzent damit werben, dass sein Produkt gut riecht, ein Getränkehersteller, dass das Mineralwasser den Durst löscht, und ein Damentaschenhersteller, dass in seinem neuesten Modell viel Platz ist. In der gegenwärtigen Werbung erfahren wir etwas völlig anderes. Sogar die einfachsten Produkte werden in einen direkten Zusammenhang mit vermeintlichen Werten und Motiven gesetzt. Das Deodorant wird als Garant für eine erfolgreiche Karriere dargestellt; das Mineralwasser verspricht ein neues Lebensgefühl; die Handtasche beides, Karriere und Lebensgefühl. Und alle Produkte zeigen als Ergebnis Menschen mit einer tollen Ausstrahlung. Und wir scheinen dieser Werbung zu glauben.

(An dieser Stelle besteht die in der Einleitung angesprochene Gelegenheit, Co-Autor dieses Buches zu werden. Formulieren Sie Ihre eigenen Gedanken zu dem angesprochenen Thema!)

Das Beispiel Werbung zeigt, dass wir längst selbst Opfer des von Covey beschriebenen Ethikwandels geworden sind. Wir sind es, die manipuliert werden. Und wir sind es, die uns immer weiter von dem Ursprung unserer Ausstrahlung, dem Innen, entfernen und stattdessen oberflächliche Lösungen zur Erreichung einer Wirkung favorisieren.

Eine nachhaltige Ausstrahlung zu besitzen bedeutet, weitgehend unabhängig von äußeren Bedingungen zu sein. Denn „von innen nach außen" heißt zuallererst, die Verantwortung für den eigenen Zustand und die daraus resultierende Ausstrahlung zu übernehmen. Der Weg dahin verläuft über den inneren Dialog. Das Erstaunliche am inneren Dialog ist, dass wir die Antworten auf alle Fragen bereits in uns tragen. Wenn wir uns auf diesen Dialog einlassen, so finden wir zu einer inneren Haltung und über diese Haltung zu einem inneren Zustand, der uns Energie liefert.

Vieles in diesem Buch werden Sie kennen oder zumindest schon einmal davon gehört haben. Entscheidend für die Umsetzung ist, dass diese Erkenntnisse ein fester Bestandteil Ihres Bewusstseins werden. Formulieren Sie Ihre eigenen Gedanken und notieren Sie diese in dem Buch.

Die Zusammenhänge des Wirkungskreises

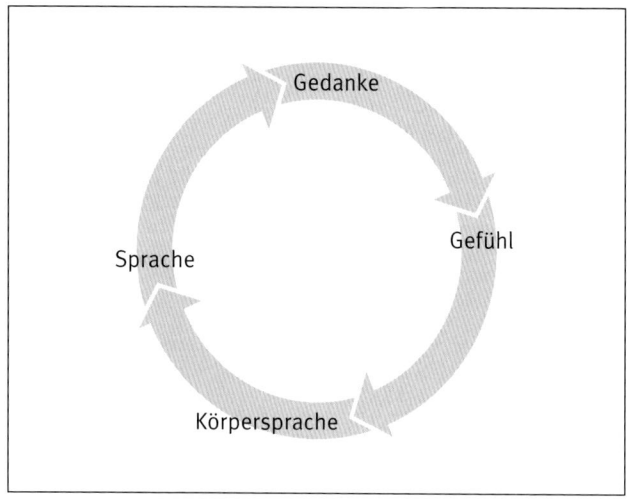

Abbildung 1: Wirkungskreis

In dem abgebildeten Wirkungskreis wird der Zusammenhang zwischen Innen und Außen auf eine andere Weise dargestellt. Die Bereiche Gedanken und Gefühle gehören zum Innen, zur mentalen Ebene. Sie stellen die Quelle unserer Wirkung dar, die dann durch Körpersprache und Sprache nach außen dringt.

Beispiel: Ihr Chef bittet Sie, bei der nächsten Außendiensttagung die neue Unternehmensstrategie vor ungefähr 100 Außendienstmitarbei-

tern vorzustellen. *Ihr spontaner Gedanke lautet: „Oh, mein Gott, nicht ich." Gefolgt von Gedanken wie: „Ich habe die Strategie überhaupt nicht verstanden, und ich glaube, mein Chef auch nicht. Ich kann das nicht, außerdem fange ich vor vielen Menschen an zu stottern ..."*

Mit den Gedanken ist unmittelbar ein Gefühl verbunden. In diesem Fall Angst und Unsicherheit. Sie bewegen sich somit in einem negativen Wirkungskreis. Falls es Ihnen bis zum Präsentationstermin nicht gelingt, Ihre mentale Ebene in den Griff zu kriegen (oder die Situation auf eine andere Weise zu bereinigen), werden diese Gefühle mit einer hohen Wahrscheinlichkeit durch Ihre Körpersprache und Sprache nach außen übertragen werden.

Grundsätzlich besitzen wir drei Ansatzpunkte, unseren Wirkungskreis zu manipulieren:
1. über die Körpersprache
2. über die Sprache
3. über unsere Gedanken

Einer der einfachsten Tricks, kurzfristig von einem negativen Wirkungskreis in einen positiven Wirkungskreis zu gelangen, ist die bewusste Veränderung der Körpersprache. Sowohl der negative wie auch der positive Wirkungskreis stehen in direktem Zusammenhang mit der entsprechenden Körpersprache. Das

Vom negativen in den positiven Wirkungskreis

bedeutet nicht nur, dass negative Gefühle automatisch zu einer negativen Körpersprache führen, sondern auch, dass ich durch Veränderung der Körpersprache meine Wahrnehmung und meine Stimmung beeinflussen kann.

Folgende kurze Übung verdeutlicht dies:

Stehen Sie bitte auf und nehmen Sie bewusst eine positive Körperhaltung ein. Der Körper ist gestreckt, die Schultern sind entspannt und zeigen etwas nach hinten, und das Kinn ist leicht erhoben. Die Übung besteht darin, diese Körperhaltung beizubehalten und gleichzeitig gedanklich eine unangenehme, peinliche, negativ empfundene Situation in Erinnerung zu rufen. Erinnern Sie sich an diese Situation, rufen Sie die entsprechenden Bilder ab, und versetzen Sie sich in die damit verbundene Gedanken- und Gefühlswelt. Springen Sie in Ihrer Wahrnehmung zwischen Ihren Gedanken und Ihrer Körperhaltung hin und her.

Bei der Durchführung dieser Übung können Sie folgende Erfahrungen machen:

1. Sie merken, dass sich Ihre Körpersprache schleichend der Gedankenwelt anpasst. Die Schultern gleiten nach vorne, und der ganze Körper sackt langsam in sich zusammen.
2. Ihnen fällt keine negative Situation ein.
3. Ihnen fällt zwar eine negative Situation ein, jedoch empfinden Sie sie plötzlich gar nicht mehr als so unangenehm.

Alle drei Erfahrungen zeigen den direkten Zusammenhang zwischen mentaler Verfassung und Körpersprache. Wir können uns diese Erkenntnis zunutze machen.

Durch die bewusste Herbeiführung einer positiven Körperhaltung lösen wir eine Reaktion auf der mentalen Ebene aus. Unsere Wahrnehmung, unsere Bewertung und unser innerer Zustand nehmen die Signale unseres Körpers auf und passen sich diesen Signalen an.

Der gleiche Effekt lässt sich bei der bewussten Anwendung einer positiven Sprache erzielen.

Abbildung 2: Malumba und Takete

Sprechen Sie bitte die beiden Begriffe „takete" und „malumba" aus und ordnen Sie sie einem der beiden Bilder zu.

Die meisten Menschen ordnen den Begriff „malumba"
dem linken und den Begriff „takete" dem rechten Bild zu.
Aufgrund der weichen Konsonanten empfinden wir den
Begriff „malumba" eher als angenehm, „takete" dagegen
als hart und negativ besetzt. Unsere These lautet, dass die
Anwendung einer positiven Sprache zu einer positiven Gedankenwelt und einer entsprechenden Wirkung führt.

Zur Umsetzung hier ein Auszug aus dem (noch zu schrei-
benden) Wörterbuch Taketisch – Malumbisch:

Taketisch	Malumbisch
Problem	Aufgabe, Chance
schwierig	interessant, anspruchsvoll
Hindernis	Lösungsmöglichkeit
Kritik	Lob
..., aber	..., und
Umbruch	Veränderung
die anderen	ich
fremdbestimmt	selbstbestimmt
weg von	hin zu
zwingen	loslassen
Ärger	Freude

✎ _____

_____

_____

_____

_____

_____

_____

_____

_____

_____

(An dieser Stelle besteht die in der Einleitung angesprochene Gelegenheit, Co-Autor dieses Buches zu werden. Formulieren Sie Ihre eigenen Gedanken zu dem angesprochenen Thema … oder führen Sie das Wörterbuch weiter fort!)

Der dritten Möglichkeit, über die Veränderung der Gedanken Einfluss auf den eigenen Wirkungskreis zu nehmen, ist der nächste Abschnitt gewidmet.

Die Bedeutung der Glaubenssätze

Mit der Kraft der Gedanken bestimmen wir nicht nur über Gesundheit und Krankheit, sondern unsere Gedanken sind unser Schicksal. Das ist eine Gesetzmäßigkeit, der sich keiner entziehen kann; aber gleichzeitig eine wunderbare Chance.

William James, Philosoph und Psychologe

Glaubenssätze sind die größten Energielieferanten. Es sind Einstellungen, die unser Leben maßgebend prägen. Sie entwickeln sich aus der Überlieferung und den von uns selbst gemachten Erfahrungen. Darüber hinaus scheint jeder Mensch von Geburt an ein Grundwertekonzept in sich zu tragen. Dieses Grundwertekonzept hilft uns, friedlich und damit entspannt in einem sozialen Gefüge zu leben. Es sind die Grundregeln unseres Umgangs.

Dieses Grundwertekonzept führt zu dem, was wir pragmatisch auch als „gesunden Menschenverstand" oder in Österreich „Hausverstand" bezeichnen. Damit ist im Prinzip eine Art Grundwahrheit gemeint. **Gesunder Menschenverstand** Angenommen, man würde hundert neutral eingestellte Menschen zu einer bestimmten Situation befragen, und mehr als 90 Prozent würden eine gleiche Meinung wiedergeben, dann wäre dies ein Hinweis auf eine Übereinstimmung der Vernunft oder des Menschenverstandes.

Beispiel: Es soll über den Bau einer neuen Autobahn entschieden werden. Die geplante Trasse würde durch ein Naturschutzgebiet mit seltenen Tieren und Pflanzen führen. Vorteil und Nutzen der Straße bestünden darin, dass Menschen, die von A nach B gelangen wollen, im Vergleich zur bestehenden Autobahn im Durchschnitt acht Minuten Zeit einsparen.

Bei Abwägung des Nutzens und des Aufwands wird sich wohl jeder Mensch mit einem gesunden Menschenverstand gegen die neue Autobahn aussprechen.

Ein anderes Beispiel zeigt, dass der Alltag und unsere Glaubenssätze nicht immer so einfach in Übereinstimmung zu bringen sind. Die zu klärende Frage lautet: Wodurch ist gerechtfertigt, dass ein Manager in einem Unternehmen 100-mal so viel Geld bekommt wie eine Erzieherin in einem Kindergarten?

Unser Menschenverstand wird den Versuch, eine Berechtigung über Themen wie Verantwortung oder Gemeinnutzen herbeizuführen, schnell als absurd entlarven. Nur eine sehr verwegene Konstruktion würde die Übereinstimmung zwischen unserer Grundgerechtigkeit und dem beschriebenen Zustand herstellen können. Tatsächlich hat diese Situation auch gar nichts mit dem gesunden Menschenverstand zu tun, sondern ist lediglich eine Frage des Wirtschaftssystems, dem wir uns unterwerfen.

✎ _____

_____

_____

_____

_____

(An dieser Stelle besteht die in der Einleitung angesprochene Gelegenheit, Co-Autor dieses Buches zu werden. Formulieren Sie Ihre eigenen Gedanken zu dem angesprochenen Thema!)

Unsere Glaubenssätze bauen im Normalfall also auf ethischen Grundprinzipien auf. Sie können jedoch auch, wie die Geschichte zeigt, genau gegen diese Grundprinzipien gerichtet sein. Glaubenssätze werden benutzt, um Menschen zu manipulieren. Mithilfe von „wahren" und konstruierten Glaubenssätzen versuchen Politiker Wahlen zu gewinnen; Unternehmensmanager Produkte zu verkaufen, Eltern ihre Kinder zu erziehen und frustrierte Menschen die Verantwortung abzuschieben.

Was aber entscheidend ist: Glaubenssätze bestimmen unser Verhalten und unseren Energiehaushalt. Fatal ist dabei, dass sie uns zwar massiv steuern, wir uns ihrer aber nicht immer bewusst sind.

Auch dafür ein Beispiel: Ich schildere Ihnen gleich eine kurze Geschichte. Am Ende dieser Geschichte werden Sie eventuell etwas verunsichert sein. Etwas an dieser Erzählung scheint nicht logisch (und damit mit Ihren Glaubenssätzen nicht vereinbar) zu sein.

Ein Vater geht mit seinem Sohn an der Landstraße spazieren. Es nähert sich ein Autofahrer mit überhöhter Geschwindigkeit. Der Fahrer verliert die Kontrolle über das Fahrzeug, das ins Schleudern gerät und die beiden Fußgänger erfasst. Der Vater wird so schwer getroffen, dass er noch an der Unfallstelle verstirbt; der Sohn wird mit dem Rettungshubschrauber in die nächste Unfallklinik geflogen. Aufgrund der Schwere der Verletzungen und der dadurch nötigen sofortigen Operation wird unverzüglich die Kapazität unter den Klinikchirurgen hinzugerufen. Diese erscheint, sieht den jungen Mann und sagt: „Es tut mir Leid, ich kann diese Operation nicht durchführen, denn dies ist mein Sohn."

Hoppla, irgendetwas an der Geschichte scheint nicht zu stimmen. Vielleicht versuchen Sie jetzt mit einiger Mühe eine Konstruktion herzustellen, die einen Stiefvater, den Großvater oder eine ähnliche Vaterfigur beinhaltet. Dabei ist die Lösung dieses vermeintlichen Widerspruchs in der Geschichte viel einfacher. Die Kapazität in diesem Krankenhaus ist eine Frau, die Mutter des Verunglückten.

Was ist hier passiert? Die erzählten Umstände der Geschichte waren für viele von Ihnen nicht stimmig, da sie mit einem Glaubenssatz kollidierten: dem Glaubenssatz, dass die Kapazität in einem Krankenhaus ein Mann ist. Vor Ihrem geistigen Auge ist ganz automatisch das Bild eines Mannes erschienen, vermutlich im mittleren bis reifen Alter, angetan mit einem weißen oder grünen Kittel und vielleicht mit einer Brille. Vielen Lesern wird womöglich der Chefchirurg aus ihrer Lieblingsarztserie in den Sinn gekommen sein.

Das Beispiel zeigt, wie Glaubenssätze – teilweise unreflektiert und unbewusst – unsere Wahrnehmung und damit unser Verhalten prägen; und sie sind resistent gegen Veränderungen. Das bedeutet, egal wie unsere Leitgedanken aussehen, wir versuchen so ziemlich alles, um sie zu bestätigen. Dies geht sogar so weit, dass wir unsere Wahrnehmungen manipulieren.

Angenommen, Sie würden ein Vorurteil gegenüber einer bestimmten Volksgruppe hegen. Beispielsweise hielten Sie Bayern für schlaue und witzige Menschen (Vorurteile können negativ und positiv sein).

Jeden Bayern, dem Sie begegnen und der Ihrem Werturteil entspricht, werden Sie jetzt zum Beweis Ihrer These anführen. Aber was machen Sie mit den bayerischen Landsleuten, die Sie treffen und die Ihrem Glaubenssatz widersprechen?

Für diese Situation halten wir verschiedene Reaktionen bereit:

1. Ignorieren.
2. Ausnahmen bestätigen die Regel.
3. Der hat eben einen schlechten Tag.
4. Eigentlich ist er ja schon ganz witzig.

Diese Notreaktionen helfen uns sowohl bei positiven wie auch bei negativen Glaubenssätzen. Der Grund für diesen Umgang mit Wahrnehmungen, die unseren Glaubenssätzen widersprechen, ist ganz einfach. Es kostet uns Energie, unsere Wertvorstellungen zu verändern. Mehr Energie, als uns lieb ist. Und deshalb verteidigen manche Menschen ihre Wertvorstellungen, und sei dies auch noch so zu ihrem eigenen Nachteil.

✎ _____

_____

_____

_____

_____

(An dieser Stelle besteht die in der Einleitung angesprochene Gelegenheit, Co-Autor dieses Buches zu werden. Formulieren Sie Ihre eigenen Gedanken zu dem angesprochenen Thema!)

Eine ganz entscheidende Rolle spielen Glaubenssätze für unseren Energiehaushalt. Sie entziehen oder liefern uns Energie:

Energieraubende Glaubenssätze sind:
- Das Glas ist halb leer.
- Ich bin Opfer.
- Mir geht es schlecht.
- Immer ich muss das Pech haben.
- Die anderen sind schuld/verantwortlich.
- Ich bin hilflos.

Es liegt auf der Hand, dass diese Art von Glaubenssätzen uns eher Energie entzieht. Dies ist mit einfachen Übungen zu erfahren, beispielsweise mit einer Übung, die Medizinern hilft, Allergieauslösern auf die Spur zu kommen.

Der Armstrecktest funktioniert ganz einfach. Sie benötigen dazu nur eine zweite Person. Sie stellen sich hin, strecken einen Arm zur Seite und denken und/oder sprechen den Glaubenssatz wiederholt aus. Die andere Person steht hinter Ihnen und versucht, mit einer Hand Ihren ausgestreckten Arm am Handgelenk herunterzudrücken, während Sie dagegenhalten.

In 90 Prozent der Versuche werden beide Personen den Unterschied spüren. Bei energieraubenden Glaubenssätzen fällt es wesentlich schwerer, den Arm ausgestreckt zu halten.

Energieliefernde Glaubenssätze sind:
- Das Glas ist halb voll.
- Ich schaffe es.
- Was kann schon passieren?
- Das Leben ist schön, interessant und abwechslungsreich.
- Heute ist der Tag, an dem der Rest meines Lebens beginnt.
- Bei Dingen, die ich nicht ändern kann oder will, übe ich mich in Gelassenheit.

Es ist ganz offensichtlich, welche Glaubenssätze uns mehr Energie liefern – und dennoch werden Sie in Ihrem Umfeld feststellen, dass die energieraubenden Einstellungen die Oberhand haben.

Abbildung 3: Der Scheiterhaufen unserer Energie

In der Abbildung sehen Sie zwei identische Feuer, die sich nur in ihren Benennungen unterscheiden. Das linke Feuer ist mit „Probleme/Hindernisse" betitelt, das rechte Feuer trägt die Überschrift „Chancen/Möglichkeiten". Stellen Sie sich nun vor, Sie stehen zwischen diesen beiden Feuern und vor Ihnen liegt ein Haufen Holzscheite. Diese Scheite stehen stellvertretend für Ihre gedanklichen Investitionen. Angenommen, Sie widmen Ihre Aufmerksamkeit überwiegend den Problemen und Hindernissen, ohne dabei Lösungen zu entwickeln. Dies würde bedeuten, dass Sie Ihre Holzscheite (= Energie) in das linke Feuer werfen – mit der Folge, dass dieses Feuer größer und mächtiger wird, während das andere kleiner wird und vielleicht sogar ganz erlischt.

Und nun die Preisfrage: In welches Feuer sollten Menschen ihre Holzscheite werfen?

Ihnen mag die Antwort auf diese Frage sehr banal erscheinen. Tatsächlich jedoch beantworten die meisten Menschen die Frage jeden Tag unbewusst damit, ihre Energien in das linke Feuer zu werfen. Sie beschäftigen sich mit den Problemen und Hindernissen, statt an Lösungen zu arbeiten.

> Erstaunlicherweise scheinen unsere Glaubenssätze eine negative Tendenz zu besitzen. Dies wird auch mit dem Begriff „Fusselmentalität" bezeichnet.

Stellen Sie sich vor, der US-Präsident Barack Obama tritt im Rahmen einer Pressekonferenz vor das Mikrofon. Er trägt einen dunklen Anzug, seine Schuhe sind glänzend geputzt, die Krawatte sitzt. Alles scheint in bester Ordnung. Allerdings ist bei näherem Hinsehen auf seiner linken Schulter auf dem dunklen Anzug ein weißer Fussel zu erkennen.

Wohin wird die Aufmerksamkeit der Anwesenden gelenkt werden? Was wird in den Fokus rücken und später weltweit diskutiert werden? Sein toller Anzug, die schön gebundene Krawatte – oder der Fussel? Es ist vorstellbar, dass der Fussel in seiner Bedeutung sogar den Inhalt der Pressekonferenz übertrifft.

Dieser Hang zur „Fusselmentalität" spiegelt sich auch darin wider, dass wir in unserer Erinnerung dazu neigen, negative Ereignisse zu behalten. Angenommen, Sie sind im Verkauf tätig. Sie hatten heute Kontakt zu 20 Kunden, 19 davon

Fusselmentalität waren angenehm und sympathisch und haben sich bei Ihnen für Ihre Beratung bedankt. Einer jedoch hat sich sehr abfällig geäußert und sich über Sie beschwert. An welche(n) Kunden werden Sie sich am Feierabend erinnern? Und über welchen Kunden sprechen Sie am Abend mit Ihrem Partner zu Hause?

In einer Umgebung, in der 90 Prozent in unserer Wahrnehmung positiv und nur 10 Prozent negativ bewertet wird, erobern die 10 Prozent unsere Aufmerksamkeit.

✎ _____

_____

_____

_____

_____

(An dieser Stelle besteht die in der Einleitung angesprochene Gelegenheit, Co-Autor dieses Buches zu werden. Formulieren Sie Ihre eigenen Gedanken zu dem angesprochenen Thema!)

Das Außen, das das Innen beeinflusst

Sich selbst zu erkennen, bedeutet auch,
die Umstände zu verstehen, die dein Selbst überdecken.

Werner Knigge

Welche Ursachen sind für das immer wiederkehrende Energiedefizit verantwortlich? Woher beziehen wir Energie und wie und wofür investieren wir sie?

Bei der Frage nach dem Energiebezug werden die meisten von Ihnen kurz nachdenken und dann Themen wie Familie, Freunde, Hobby, Beruf oder Urlaub benennen. Tatsächlich können diese Bereiche große Energiequellen darstellen, aber auch das Gegenteil. Beim Thema Energieinvestition können daher die gleichen Begriffe stehen.

Aber zurück zur Frage nach den Ursachen für unser Energiedefizit. Die Antwort lautet: Wir entfernen uns immer mehr von den nachhaltigen Energiespendern. Unser Leben befindet sich außerhalb der Balance, weil wir uns, wie kleine Hamster in einem Rädchen, abstrampeln, um Dinge zu erreichen, die uns sowieso kein Glück und keine Energie bringen.

Der Philosoph Richard David Precht, Autor des Buches „Wer bin ich – und wenn ja, wie viele", hat dies einmal so formuliert: „Wir kaufen Dinge, die wir nicht brauchen, um Leute zu beeindrucken, die wir nicht mögen; mit Geld, das wir nicht haben."

Die Welt, in der wir leben

Wir wissen, jede Gesellschaft hat ihr Wertesystem.
Und das Wertesystem ist wie ein Kleid,
in dem sie sich einrichtet und zu Hause ist.

Elisabeth Noelle-Neumann

Das Wertesystem, in dem wir leben, prägt uns. Dies ist nicht nur ein philosophisches Thema, sondern hat ganz pragmatische Auswirkungen auf unseren Alltag. Dies wurde mir vor Kurzem beim Besuch eines Kindergartens vor Augen geführt. Die Erzieherinnen hatten die Idee, interessierten Eltern den Kindergarten durch andere Kinder zeigen zu lassen. Von den beiden Mädchen, denen wir zugeteilt wurden, stellte sich das eine wie folgt vor: „Mein Name ist Katharina, ich bin fünf Jahre alt und habe schon einen Nintendo."

Das Wertesystem, in dem wir leben, prägt uns.

Wer in dieser Welt sagt diesem liebenswürdigen Mädchen, dass es wichtig ist, einen Nintendo zu besitzen?

Es ist unsere Gesellschaft, die sich über Besitz und nicht über das Sein definiert. Um nicht falsch verstanden zu werden: Ich finde nichts Schlimmes daran, dass ein fünfjähriges Mädchen einen Nintendo besitzt. Ich finde es nur bedenklich, welchen Stellenwert diese Dinge bei uns einnehmen. Und dies gilt nicht allein für Kinder. Denn was für Kinder das Computerspiel, ist später für viele Erwachsene die Gucci-Brille, das Luxusauto oder das iPad. Es ist schon spannend, wofür wir in Deutschland unsere Energie verwenden. Wann und wofür gehen die meisten Menschen auf die Straße? Für soziale Gerechtigkeit, mehr Kindergartenplätze, Umweltschutz? Nein. Für ein iPad. Erwachsene Menschen stellen sich stundenlang auf die Straße, um ein solches Gerät zu erwerben.

Das Problem daran: Materielle Dinge versetzen uns langfristig in keinen positiven Zustand. Das haben viele Studien nachgewiesen. Warum aber verwenden wir so viel Energie auf Besitz?

Es ist das gleiche Motiv, das uns dazu bringt, andere nicht ausreden zu lassen, uns im Verkehrsstau möglichst weit nach vorne zu drängeln, uns über die unverschämte Verkäuferin zu beschweren, irgendwelche Ämter in Vereinen zu bekleiden oder im hohen Alter verbissen Sport zu treiben. Es ist das gleiche Motiv, das die meisten Amokläufer zu ihrer Kurzschlussreaktion treibt.

Wenn es um Motive geht, hilft uns ein klassisches Modell am besten weiter: die Maslowsche Bedürfnispyramide.

Der amerikanische Psychologe Abraham Maslow untersuchte in den 1940er Jahren die Motive der Menschen und stellte fest, dass alle Motive auf Bedürfnisse zurückzuführen sind, die sich in fünf Bereiche unterteilen lassen. Die Befriedigung dieser Bedürfnisse findet grundsätzlich von unten nach oben statt. Ist das Bedürfnis nach Essen oder Trinken gerade akut, werden andere Bedürfnisse, etwa das nach Selbstverwirklichung, in den Hintergrund treten.

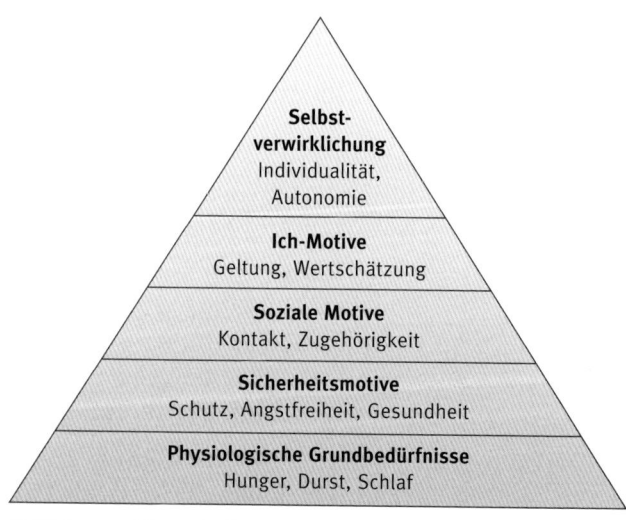

**Selbst-
verwirklichung**
Individualität,
Autonomie

Ich-Motive
Geltung, Wertschätzung

Soziale Motive
Kontakt, Zugehörigkeit

Sicherheitsmotive
Schutz, Angstfreiheit, Gesundheit

Physiologische Grundbedürfnisse
Hunger, Durst, Schlaf

Abbildung 4: Die Bedürfnispyramide (nach Maslow)

Betrachten wir diese Pyramide einmal gesamtgesellschaftlich, dann stellen wir fest, dass wir in einer Gemeinschaft leben, in der einige Bedürfnisse nahezu selbstverständlich abgedeckt werden. Um die physiologischen Grundbedürfnisse macht sich wohl niemand von uns ernsthafte Gedanken. Der Staat übernimmt auch weitgehend die Befriedigung der Sicherheitsbedürfnisse (Polizei, Solidaritätsprinzip, Gesundheitswesen usw.). Abgesehen von älteren Menschen wird auch das Bedürfnis nach sozialen Kontakten (zumindest quantitativ) bei vielen von uns kein zentrales Motiv darstellen.

Wie sieht es in unserer Gesellschaft mit der vierten Stufe, dem Bedürfnis nach Geltung, Wertschätzung und Anerkennung aus? Ich bin überzeugt, dass wir hier die Motivebene gefunden haben, die 90 Prozent unserer Handlungen auslöst. Hinter den meisten unserer Handlungen steht der bewusste oder unbewusste Versuch, Wertschätzung und Geltung zu erreichen.

Welche Strategien nutzen Männer, um dieses Bedürfnis zu befriedigen? Sie schaffen sich Luxusautos an. Neben Motiven wie Spaß oder Komfort ist Prestige die treibende Kraft. Die Frage jedoch lautet, wie geeignet diese Vorgehensweise ist, mein Bedürfnis zu befriedigen. Selbst wenn meine Freunde im Tennisclub mir zu diesem Fahrzeug gratulieren und mir alles Gute wünschen, wird die Wertschätzung wohl mehr dem Auto als meiner Person gelten. Diese Trennung ist nebenbei erwähnt für prominente Stars eines der größten Probleme. Gilt die Anerkennung der Rolle, die ich spiele, oder wirklich mir?

Wie sehen die Strategien von Frauen aus, um das Bedürfnis nach Wertschätzung zufriedenzustellen? Was ist wohl der Grund, sich morgens kleine glitzernde Dinge an die Ohren zu hängen, so viele Schuhe zu kaufen oder sich Farbe auf die Lippen aufzutragen? Ich möchte auch hier nicht falsch verstanden werden. Ich habe gar nichts gegen diese Handlungen. Die Frage ist nur auch hier: Sind sie wirklich geeignet, mein Ziel zu erreichen?

✎ _____

_____

_____

_____

_____

(An dieser Stelle besteht die in der Einleitung angesprochene Gelegenheit, Co-Autor dieses Buches zu werden. Formulieren Sie Ihre eigenen Gedanken zu dem angesprochenen Thema!)

Nach meiner Erfahrung liegt die beste Strategie, um Wertschätzung zu erhalten, darin, ebenfalls Wertschätzung zu geben.

Was mich weiterhin bedenklich stimmt, ist die Beobachtung, dass sich unser Verhalten immer mehr von den auslösenden Motiven verselbstständigt und wir damit zu Energieverschwendern werden. Dies wird mir in vielen Lebenssituationen bewusst, beispielsweise wenn ich mit dem Flugzeug unterwegs bin.

Der Abflug nach Berlin steht unmittelbar bevor. Unter den wartenden Fluggästen ist eine gewisse Unruhe erkennbar. Als die Flughafenbedienstete an das Mikrofon tritt, um die Gäste zum Einsteigen aufzufordern, sind längst schon einige aufgesprungen und drängen sich am Einstiegsgate. Ich frage mich, welcher Nutzen damit verbunden ist, wenn ich möglichst als Erster in das Flugzeug einsteige. Komme ich dadurch früher als die anderen in Berlin an? Mir fällt auf, dass viele der Reisenden den Begriff „Handgepäck" sehr großzügig ausgelegt haben. Vielleicht befürchten sie, dass ihre zahlreichen Koffer und Taschen keinen Platz mehr im Flugzeug finden? Ich habe allerdings noch nie erlebt, dass Gepäckstücke am Flughafen zurückgelassen werden mussten. Mir fällt ein, dass bei einer Fluglinie beim Einsteigen als Lektüre der „Playboy" angeboten wird. Eventuell befürchten die drängelnden Einsteiger, kein Exemplar mehr zu erhalten. Allerdings sehen mir alle so aus, als wenn sie sich den „Playboy" durchaus auch selbst am Zeitungskiosk kaufen könnten. Die Dame am Mikrofon bit-

tet noch darum, die Passagiere in den hinteren Sitzreihen zuerst einsteigen zu lassen. Vergeblich. Dabei wäre dies durchaus sinnvoll, wenn wir möglichst bald in Berlin ankommen wollen. Stattdessen drängen sich die wichtigen (oder sich selbst für wichtig haltenden) Menschen nach vorne. Meistens haben sie auch einen Platz in den vorderen Sitzreihen reserviert. Dort, wo sich bei anderen Fluglinien üblicherweise die Businessclass befindet. Sie stehen nun im Gang, versuchen, ihren kompletten Hausrat in die Ablagefächer zu stopfen, telefonieren dabei noch mit wichtigen Geschäftspartnern und blockieren das Einsteigen. Das Schlimmste, was nun passieren kann, ist, dass aufgrund des Platzmangels die Stewardess das Gepäck mitnimmt und in den letzten Reihen verstaut. Dies bedeutet nämlich, dass der ganze Aufwand umsonst war und die „Containerbesitzer" mindestens zehn Minuten ihres sowieso sinnfreien Lebens nach der Landung in einem Flugzeug verbringen müssen! Das gleiche Verhalten zeigt sich auch, sobald oder manchmal auch bevor das Flugzeug seine Parkposition erreicht hat. Die Menschen springen auf, um dann oft halb gebückt und dicht zusammengedrängt im Gang zu stehen und auf das Aussteigen zu warten. Oft trifft man die hartnäckigsten Drängler dann wartend am Gepäckausgabeband wieder.

Besonders interessant wird diese ganze Komödie übrigens, wenn es beim Einsteigen nicht direkt in das Flugzeug, sondern in den Bus geht, der die Passagiere zum Flugzeug bringt. Da sich jetzt normalerweise die Reihenfolge umdreht, braucht es schon clevere Strategien, seinen eroberten Spitzeneinsteigeplatz zu behaupten.

Was soll das? Ist unser Verhalten tatsächlich schon so sinnentleert, wie ich es oft wahrnehme?

Meine Frau und ich haben uns nach dem Rundgang durch den Kindergarten bei den Mädchen bedankt und hinzugefügt, dass sie beide sehr liebenswerte Menschen seien, unabhängig davon, ob sie einen Nintendo haben oder nicht.

Energieräuber Stress und Ärger

„Die Leute", sagte der kleine Prinz, „schieben sich in die Schnellzüge, aber sie wissen gar nicht, wohin sie fahren wollen. Nachher regen sie sich auf und drehen sich im Kreis …"
Und fügte hinzu: „Das ist nicht der Mühe wert …"

Antoine de Saint-Exupéry

Stress und Ärger sind wohl die größten Energie- und Ausstrahlungsvernichter. Auf den folgenden Seiten haben Sie Gelegenheit, Ihr Stresspotenzial zu benennen – qualitativ und quantitativ. Bewerten Sie die angebotenen Stressoren nach Häufigkeit und Bewertung.

Quantität und Qualität der Herausforderungen

Testen Sie Ihr persönliches Stresspotenzial: Bewerten Sie die folgenden Stressoren jeweils nach Häufigkeit und Bewertung:

Häufigkeit:

- 0 = tritt nie auf
- 1 = tritt selten auf
- 2 = tritt häufig auf
- 3 = tritt ständig auf

Bewertung:

- 0 = stört mich überhaupt nicht
- 1 = stört mich kaum
- 2 = stört mich ziemlich
- 3 = stört mich sehr

In der Spalte „Belastung" multiplizieren Sie die Werte von „Häufigkeit" und „Bewertung". Beispiel: Der Stressor „Termindruck" tritt bei Ihnen fast ständig auf (= 3) und belastet Sie mittelschwer (= 2). Unter „Belastung" tragen Sie also 6 ein, das Produkt aus 3 mal 2.

Stressbelastung beruflich

Stressor	Häufigkeit	Bewertung	Belastung
Termindruck			
Dienstreisen			
Ungenaue Anweisungen/ Vorgaben			
Verantwortung			
Aufstiegswettbewerb/ Konkurrenzkampf			
Konflikte mit Kollegen			
Konflikte mit Mitarbeitern			
Ärger mit dem Chef			
Ärger mit Kunden			
Ungerechtfertigte Kritik an mir			
Dauerndes Telefonklingeln			
Informationsüberflutung			
Neuer Verantwortungsbereich			

Stressbelastung privat

Stressor	Häufigkeit	Bewertung	Belastung
Konflikte in der Partner-schaft			
Trennung vom Partner/ Familie			
Konflikte mit Kindern			
Schulschwierigkeiten der Kinder			
Krankheitsfall in der Familie			
Ärger mit Verwandtschaft			
Sorgen			
Anruf von Vorgesetzten in der Freizeit			
Finanzielle Probleme			
Hohe laufende Ausgaben			
Hausarbeit			
Ärztliche Untersuchungen			
Bewegungsmangel			
Zu wenig Schlaf			
Unzufriedenheit mit dem Aussehen			

Stressbelastung sozial/allgemein

Stressor	Häufigkeit	Bewertung	Belastung
Streitereien allgemein			
Nachbarschaftsstreit			
Unerfreuliche Nachrichten			
Schwierigkeiten bei Kontaktaufnahme			
Behördenbesuche			
Misserfolge			
Lärm			
Umweltverschmutzung			
Autofahren in der Stoßzeit			
Menschenansammlung			
Einkaufen in der Stoßzeit			
Unangenehme zu erledigende Dinge			

Addieren Sie nun noch die Zahlen in der letzten Spalte
unter „Belastung" zu einer Gesamtpunktzahl: _____

Solche Tests sind mehr oder weniger Hilfsmittel, uns mit gewissen Themen auseinanderzusetzen. Ich habe diesen Test bereits einige Male in den letzten sechs Jahren wiederholt und bin über das Ergebnis immer ein wenig überrascht. Gewisse Stressoren verändern sich im Laufe der Zeit, werden gewichtiger oder verlieren an Bedeutung. Andere wiederum halten sich hartnäckig.

Die errechnete Gesamtpunktzahl ist ein grober Hinweis auf die Höhe der Stressbelastung, der Sie im Moment ausgesetzt sind. Die maximal erreichbare Zahl ist 360. Sie ist ein rein theoretisches Ergebnis. Niemand würde eine solche Belastung nur für einen Tag überleben. Ein Wert über 100 sollte für Sie Motivation sein, Ihre Stressdosis zu verringern. Aber auch bei Werten unter 100 besteht eine große Chance, durch eine weitere Verringerung der Stressoren an Lebensqualität und Energie zu gewinnen.

Bei den einzelnen Stressoren sind maximal 9 Punkte (3 mal 3) zu „erreichen". Die Stressoren, die 6 oder mehr Punkte erreicht haben, sollten Sie angehen und verändern.

Zur Veränderung stehen Ihnen zwei Strategien zur Verfügung:
- die Veränderung der Situation
- die Veränderung der Glaubenssätze

Die erste Strategie dürfte einleuchtend sein. Wenn mir etwas Stress bereitet, dann sollte ich mich davon trennen oder es verändern. Dies ist jedoch oft nicht so einfach, wie es sich anhört.

Strategien gegen Stress

Über die zweite Strategie habe ich mich bereits im Kapitel „Glaubenssätze" geäußert. Manche Stressoren lassen sich am besten über die Veränderung der damit verbundenen Glaubenssätze reduzieren.

Nehmen wir als Beispiel „Ärger mit Kunden": Die Kunden nerven Sie, weil sie immer schwieriger und anspruchsvoller werden. Sie haben den Eindruck, dass die Kunden Sie aussaugen und Ihnen das Leben, vermutlich absichtlich, zur Hölle machen. Der Glaubenssatz, der sich bei Ihnen mittlerweile eingeprägt hat, lautet: „Das Leben könnte so schön sein ohne diese Kunden."

Sie werden nun jeden Tag unbewusst oder bewusst damit verbringen, Ihren Glaubenssatz zu bestätigen – und ich gehe jede Wette ein, Sie schaffen das. Die Freude über diese Bestätigung wird sich jedoch in Grenzen halten, denn Sie haben soeben einen Pyrrhussieg errungen. Pyrrhus war ein hellenistischer König, der nach einem Sieg gegen die Römer 279 v. Chr. zu einem Vertrauten gesagt haben soll: „Noch so ein Sieg und wir sind verloren." Pyrrhussiege sind also wenig sinnvoll. Deshalb ein anderes Lösungsangebot zur Reduzierung des Stressors, ein neuer Glaubenssatz. Dieser könnte wie folgt lauten: Lieber schwierige Kunden als gar keine.

✎ _____

_____

_____

_____

_____

(An dieser Stelle besteht die in der Einleitung angesprochene Gelegenheit, Co-Autor dieses Buches zu werden. Formulieren Sie Ihre eigenen Gedanken zu dem angesprochenen Thema!)

Geschwindigkeit und Technik

Wir erfinden ständig Dinge, die uns die Zeit verschaffen, Dinge zu erfinden, die uns Zeit schenken … und das Ergebnis: Nie standen Menschen so unter Zeitdruck wie heute.

Unbekannter Autor

Wenn Sie sich einen Menschen mit einer hohen Ausstrahlung vorstellen, bewegt sich dieser Mensch eher schnell oder eher langsam? In meiner Wahrnehmung hat Ausstrahlung sehr viel mit Ruhe und Gelassenheit zu tun. Die Welt, in der wir uns bewegen, fordert hingegen von uns immer mehr Geschwindigkeit.

Vor ein paar Jahren buchte ich spontan eine dreiwöchige Ayurveda-Kur auf Sri Lanka. Die Ärzte, die diese Kur begleiteten, empfahlen den Gästen, sich möglichst nur mit sich selbst zu beschäftigen. Mein Handy und mein Laptop hatte ich ohnehin zu Hause gelassen. Die Empfehlung ging jedoch weiter. „Wenn Sie diese drei Wochen optimal nutzen wollen, dann lenken Sie sich nicht durch das Lesen von Büchern oder Gesprächen mit anderen ab."

Ich entschloss mich, zumindest für die erste Woche, den Ratschlägen der Ärzte zu folgen. Die Anlage, in der ich mich befand, lag in einer abgelegenen Region Sri Lankas direkt am Meer. Jeder Gast bewohnte einen einfachen Bungalow mit Badezimmer. Am Morgen wurde man mit dem Aufgang der Sonne geweckt. Nachdem man das Glas mit warmem Wasser, das bereits vor dem Bungalow stand, getrunken hatte, begab man sich auf einen Platz zum gemeinsamen Yoga. Nach einer Meditationsübung wurde jedem ein individuelles Frühstück serviert. Während des Frühstücks bekam man eine Liste mit den Anwendungen, die an diesem Tag auf einen warteten. Zwischen den Anwendungen hatte jeder von uns viel Zeit zur Verfügung, bevor es mit Untergang der Sonne zum Schlafen ging.

Anfangs wusste ich mit der zur Verfügung stehenden Zeit nichts anzufangen. Ich hatte ständig das Gefühl, etwas tun zu müssen, und konnte die Ruhe nicht wirklich genießen. Die Zeiten zwischen den Anwendungen erschienen mir ewig lange zu sein, und ich freute mich wie ein kleines Kind, wenn es endlich zur Massage oder einer anderen Behandlung ging. Mit der Zeit jedoch gewöhnte ich mich an diesen Rhythmus und empfand eine zunehmende Gelassenheit und Entspannung. Ich bemerkte, dass auch meine Bewegungen langsamer und bewusster wurden.

Als ich nach etwa zehn Tagen eines Abends im Bett lag und an zu Hause dachte, hatte ich plötzlich ein Bild vor mir. Ich sah die Menschen wie kleine Hamster in ihren Laufrädchen immer schneller und schneller laufen, ohne dass sie sich von der Stelle bewegten.

Mir war bewusst, dass ich in wenigen Wochen auch wieder einer dieser ruhelosen Hamster sein würde. Ich nahm mir jedoch fest vor, die Erfahrungen dieser Kur in mein „Hamsterleben" zu integrieren und darauf zu achten, hin und wieder aus dem Rädchen auszusteigen.

✎ _____

_____

_____

_____

_____

(An dieser Stelle besteht die in der Einleitung angesprochene Gelegenheit, Co-Autor dieses Buches zu werden. Formulieren Sie Ihre eigenen Gedanken zu dem angesprochenen Thema!)

Eines der Paradoxa in unserer Welt ist, dass wir in den letzten 100 Jahren zahllose Dinge erfunden haben, die uns eine Zeitersparnis bringen. Gleichzeitig ist der gefühlte Zeitdruck, in dem wir leben, ständig angewachsen. Trotz dieser Erfahrung scheinen wir darauf zu vertrauen, dass weitere technische Entwicklungen uns die gewünschte Zeit verschaffen.

Zahlen oder Menschen

Eine Welt, in der der Mensch als Humankapital bezeichnet wird, muss krank sein.   Unbekannter Autor

Die Begeisterung für Zahlen schlägt mittlerweile das Interesse an Menschen. Falls sich dann doch jemand für den

Menschen interessiert, steckt dahinter vermutlich das Ziel, die Zahlen zu verbessern. Am liebsten wäre es den meisten, wenn man den Menschen in eine Kennziffer pressen könnte. Und das wird auch täglich versucht. Wenn wir erst das Verhalten des Menschen in Kennziffern definiert haben, dann wird er für uns berechen- und steuerbar. Und Berechenbarkeit bedeutet die Chance zu mehr Wachstum. Wer jetzt denkt, es gehe um das Wachstum des Menschen, den muss ich leider enttäuschen. Getreu dem Motto „Der Mensch ist für die Verbesserung der Wirtschaft und Politik da (und nicht etwa umgekehrt)" geht es um das Wachstum von Unternehmen.

Diese sinnfreie „Philosophie" ist kein Horrorszenario, sie ist in vielen Bereichen bereits Realität.

Der Mensch ist in dieser Denkweise entweder Kunde oder Mitarbeiter (Steuerzahler und Wähler). Und wenn es den Unternehmen gut geht, dann geht es auch den Menschen gut. Zumindest in den Führungsetagen.

Dieses aus der Balance geratene Menschenbild sorgt für eine Verarmung unseres Umgangs und zu einem Verlust an Energie, zuallererst menschlicher Energie.

Der Zusammenhang zwischen Glück und Ausstrahlung

Einer sei jung, schön, reich und geehrt;
*so fragt sich, wenn man sein **Glück** beurteilen will,*
ob er dabei heiter sei: ist er hingegen heiter;
so ist es einerlei, ob er jung oder alt, gerade oder bucklig,
*arm oder reich sei; er ist **glück**lich.*

Arthur Schopenhauer, Aphorismen zur Lebensweisheit

Das Thema Ausstrahlung steht unweigerlich mit einem anderen großen Thema in Bezug: glücklich sein. Die größte Ausstrahlung erreichen wir in den sogenannten Glücksmomenten. Die Glücksforschung hat in den letzten Jahren deutlich an Bedeutung gewonnen. Glücksforschung ist die Erforschung der Bedingungen, unter denen sich Menschen als glücklich bezeichnen und/oder glücklich sind.

Die wissenschaftliche Suche nach Glück liest sich spannend wie ein Krimi. Lange waren sich die Forscher nicht einig darüber, ob die Fähigkeit, Gefühle und damit auch Glück zu empfinden und auszudrücken, angeboren oder anerzogen ist.

Unter anderem hat man mit wissenschaftlichen Methoden untersucht, wo auf der Welt die glücklichsten Menschen zu Hause sind.

Das Ergebnis: Nicht in den reichen Industrieländern, sondern in – materiell gesehen – eher ärmeren Ländern leben die glücklichsten Menschen. Die Benchmark, wie man in einem Unternehmen sagen würde, liegt in Mittelamerika, der Südsee und einigen Ländern Afrikas.

Die glücklichsten Menschen leben nicht in den reichen Industrieländern.

Viele Studien der Glücksforschung belegen, was der Volksmund schon immer sagt: Geld allein macht nicht glücklich. Obwohl die Bewohner der G-8-Länder im weltweiten Vergleich durchschnittlich über das meiste Geld verfügen und keinen Hunger leiden müssen, sind sie trotzdem nicht wirklich glücklich – im Gegenteil: Sie gehören einer Untersuchung der New Economics Foundation zufolge zu den traurigsten der Welt. Denn ab einem Pro-Kopf-Einkommen von mehr als 20.000 Dollar im Jahr (rund 13.900 Euro) habe die Einkommenshöhe keinen Einfluss mehr auf das Glücksempfinden. Nur in sehr armen Ländern sei der Einkommenszuwachs ein entscheidender Überlebens- und Glücksfaktor.

Der Zukunftsforscher Horst W. Opaschowski prognostiziert, dass Gesundheit, Familie und Freunde immer wichtiger werden als viel Eigentum. Der wissenschaftliche Leiter der BAT-Stiftung für Zukunftsfragen rät, Wohlstand nicht mehr als viel Besitz oder Geld zu betrachten. „Statt Wohlleben sollte das Wohlergehen in den Mittelpunkt rücken. Wer das erkennt, kann auch in Zukunft gut leben", meint Opaschowski.

Im nächsten Schritt arbeitet die Glücksforschung daran, die Faktoren für ein glückliches Leben zu identifizieren. Die Ergebnisse werden je nach Interessenlage interpretiert. Klar ist aber, dass ein gewisses Niveau an materiellem Wohlstand zu mehr Sicherheit und damit zu Zufriedenheit führt. Über diese Grenze hinaus bringen Luxus und Reichtum kein signifikantes Glücksmoment.

✎ _____

_____

_____

_____

_____

_____

(An dieser Stelle besteht die in der Einleitung angesprochene Gelegenheit, Co-Autor dieses Buches zu werden. Formulieren Sie Ihre eigenen Gedanken zu dem angesprochenen Thema!)

Erkenntnisse aus der Glücksforschung

Die folgende Metastudie „Erkenntnisse aus der Glücks-forschung" von Florian Falkenberg, Diplom-Pädagoge und Inhaber von Falkenberg Training, stellt Ihnen die Ergeb-nisse aktuellster Studien aus der Glücksforschung vor. Die Studie zeigt eindrucksvoll, wie wir aktiv an einem inneren Glückszustand arbeiten können und wie sich dieser direkt auf unsere Ausstrahlung auswirkt. Der Abdruck der Stu-die erfolgt mit freundlicher Genehmigung des Verfassers; weitere Daten zu Florian Falkenberg finden Sie im Anhang „Literatur".

1. Glück und Ausstrahlung
2. Was heißt glücklich sein?
3. Die sieben wirksamsten Glücksstrategien
4. Die zehn Glücksgebote im Überblick

Alle Menschen streben nach Glück, sie wollen glücklich werden und es bleiben. *Sigmund Freud*

Glück und Ausstrahlung

Eines gleich vornweg: Glücksgefühle entstehen nicht per Zufall, sondern können aktiv beeinflusst und geschaffen werden! Dies wurde inzwischen durch die Wissenschaft mit zahlreichen Studien belegt. Verschiedenste Bereiche der Glücksforschung, von der Philosophie über die Medizin oder Theologie bis zur Psychologie, entschlüsselten den Glückscode, und er steht uns heute zur Verfügung.

Nun müssen Sie nur noch den Schlüssel in Empfang nehmen, den uns die Wissenschaft geliefert hat, und diesen benutzen. Damit werden Sie nicht nur ein höheres Maß an Zufriedenheit und Glücklichsein in Ihr Leben holen, sondern auch Ihre Ausstrahlung wird wie von selbst wachsen – ganz nach den oben beschriebenen Zusammenhängen. Doch welche Form hat dieser Schlüssel?

Was heißt „glücklich sein"?

Um Ihnen diesen Schlüssel überreichen zu können, möchte ich ihn zunächst beschreiben, denn die Suche nach dem Glück beschäftigt die Menschen seit Jahrtausenden. Aristoteles, einer der bekanntesten antiken Philosophen, fragte nach dem Ziel unseres Strebens. Was möchten wir erreichen? Was ist das Ziel, für welches es sich zu leben lohnt? Welche Antwort haben Sie auf diese Frage?

Mögliche Antworten könnten folgende sein: eine Villa im Grünen; ein harmonisches Familienleben; einen tollen Job, bei dem ich viel Geld verdiene; dass ich mein Studium gut abschließe; ein schickes, schnelles Auto; ein liebevoller Partner; dass ich gesund werde oder bleibe; ich wäre gerne berühmt …

Vielleicht entdecken Sie den einen oder anderen Wunsch, den Sie ebenso verfolgen. Vielleicht haben Sie noch andere Wünsche, doch was steckt hinter diesen? Was versprechen Sie sich von der Villa, der Familie, dem Job, dem Studienabschluss, dem Auto, dem Partner, der Gesundheit oder der Berühmtheit? Egal wie oft ich diese Frage schon gestellt habe, am Ende waren die Antworten meist sehr ähnlich: „Ich möchte, dass es mir gut geht, dass ich zufrieden bin, dass ich einfach glücklich bin."

Wissenschaftler befassten sich nun mit diesem Glücksbegriff und befragten Menschen, was sie unter Glück (Happiness) verstehen. In diesen Studien zeigten sich drei Bestandteile, durch welche Glück definiert wird (Argyle, 2002):

- das Gefühl von Freude erfahren
- Zufriedenheit mit dem eigenen Leben
- die Abwesenheit negativer Emotionen (speziell von Angst und Depression)

Werden diese drei Zustände erlebt, so betrachten sich die meisten Menschen als glücklich, wobei Freude die emotionale Seite des Glücks ist und Zufriedenheit die kognitive (gedankliche).

Auch hierbei wird wieder die Bedeutung des Zusammenspiels zwischen Gedanken und Gefühlen ersichtlich. Beide können wir beeinflussen und damit den Schlüssel zum Glücklichsein nutzen. Doch was machen wir in diesem Moment? Heißt Glücklichsein, faul in der Sonne zu liegen und sich am weißen Strand dem sorgenfreien Nichtstun hinzugeben? Auch wenn sich der ein oder andere ein solches Leben wünscht, stellt dies nicht unweigerlich ein glückliches Leben dar. Die Ergebnisse aus der Glücksforschung deuten in eine andere Richtung.

Die sieben wirksamsten Glücksstrategien

Neben kurzfristigen Glücksproduzenten wie chemischen Substanzen (Drogen) oder Schokolade gibt es eine Reihe wirksamer Glücksstrategien, die dauerhaft Glück im Leben hervorrufen. In einer Befragung von 172 Personen zwischen 16 und 87 Jahren ging es darum herauszufinden, was Menschen tun, um ihr körperliches Wohlbefinden zu heben, was unweigerlich mit dem persönlichen Glücklichsein verbunden ist.

Aus der Studie geht hervor, dass die besten und wirksamsten Strategien in Richtung Aktivitäten mit Freunden und Familie weisen, während hedonistisch-materielle Faktoren (Schokolade, Fernsehen, duschen, …) schwächere Effekte aufweisen (Frank, 2007a). Ganz konkret empfiehlt die moderne Psychologie einige Glücksstrategien, die dauerhaft zu einem höheren Glückslevel führen (Bucher, 2009).

1. Beglückende Dankbarkeit

Danken macht glücklich! Diese These untersuchten McCullough u. a. (2004) in einem Experiment. Dort sollten die Mitglieder der Experimentalgruppe Tagebuch über die Momente und Vorkommnisse führen, für welche sie dankbar sind. Im Vergleich mit der Kontrollgruppe, welche das nicht tat, waren sie mit ihrem Leben nachher zufriedener, glücklicher, optimistischer, hoffnungsvoller und empfanden positivere Emotionen.

Übung für den Alltag: Tun Sie es der Experimentalgruppe von McCullough u. a. gleich und führen Sie Tagebuch. Schreiben Sie darin all jene Dinge auf, für die Sie dankbar sind. Das kann damit beginnen, dass Sie etwas zu essen haben, bis hin zu Ihrem Auto oder Ihren Eltern. Notieren Sie jede Kleinigkeit stichpunktartig in Ihr Tagebuch und führen Sie dieses drei Wochen lang. Danach werden Sie sich automatisch eine dankbare Haltung angewöhnt und das Bewusstsein für Dankbarkeit entwickelt haben. Immer, wenn Sie das Gefühl haben, dies zu verlieren, dann führen Sie einfach Ihr Tagebuch fort.

2. Glück durch gute Taten

Wer gute Taten vollbringt, ist glücklicher! Dies ergab eine Studie von Lyubomirsky u. a. (2005), in welcher Studenten freiwillig jede Woche fünf gute Taten vollbringen sollten. Nach anderthalb Monaten wurde das Glücksniveau der Experimentalgruppe im Vergleich zur Kontrollgruppe gemessen. Die Experimentalgruppe (Wohltäter) hatte ein höheres Niveau im Vergleich zur Kontrollgruppe, was deutlich sichtbar bei denjenigen war, welche alle fünf Taten an einem Tag und nicht über die Woche verteilt vollbracht hatten.

Übung für den Alltag: Vollbringen Sie mindestens fünf gute Taten in der Woche, am besten noch an einem Tag. Diese können darin bestehen, ein Altenheim zu besuchen, einem Bettler Geld zu geben oder einem Auswärtigen dabei zu helfen, den Weg zu finden. Finden Sie einen Menschen in Ihrem Umfeld, der jemanden zum Reden braucht, und hören Sie diesem aufmerksam zu. Es geht nicht darum, ihm Ratschläge zu geben, was er ändern müsste, sondern einfach nur zuzuhören und Anteil an seinem Schicksal zu nehmen. Machen Sie sich regelmäßig Ihre guten Taten bewusst.

3. Aktiv und glücklich
Regelmäßiger Sport oder Meditation machen glücklich!
Auch auf diesem Gebiet gibt es zahlreiche Studien, die die Wirkung von Sport und Meditation untersucht haben. In der „Smile"-Studie untersuchten Wissenschaftler der Universität Stanford die Wirkung von Radfahren auf depressive Patienten. Im Vergleich zur Kontrollgruppe, die Antidepressiva bekam, verzichtete die Experimentalgruppe darauf und ging stattdessen dreimal pro Woche vierzig

Minuten Rad fahren. Beide Gruppen konnten einen signifikanten Rückgang der Depressivität verzeichnen, während die Radelnden nach zehn Monaten sogar eine geringere Rückfallquote aufweisen konnten als die Kontrollgruppe (Blumenthal u. a., 1999). Diese Erkenntnisse bestätigten sich auch in Bezug auf Meditation. Personen, die regelmäßig meditieren, konnten einen höheren Glückslevel verzeichnen im Vergleich zu Nicht-Meditierenden.

Übung für den Alltag: Treiben Sie lieber Sport oder möchten Sie regelmäßig eine Auszeit auf der Couch nehmen? Wichtig bei dieser Übung ist die Regelmäßigkeit. Wenn Sie sich also für den Sport entscheiden, so üben Sie mindestens dreimal pro Woche eine Sportart aus, die Ihnen Spaß macht. Fällt Ihre Wahl auf die Meditation, so setzen Sie sich täglich zehn Minuten auf die Couch oder einen Stuhl und achten Sie darauf, Ihre Aufmerksamkeit rein auf Ihrem Atem zu lassen. Nehmen Sie wahr, wie Sie einatmen und wieder ausatmen, während die Gedanken einfach vorüberfließen. Ertappen Sie sich dabei, wie Sie gerade den nächsten Einkauf planen oder überlegen, was Sie noch alles erledigen müssen, dann kehren Sie mit Ihrer Aufmerksamkeit wieder zu Ihrem Atem zurück. Immer, wenn die Aufmerksamkeit erneut abschweift, nehmen Sie sie sanft zurück. Lassen Sie alles da sein, was gerade auftaucht, ob es ein Gefühl, ein Gedanke oder ein Geräusch ist, ohne die Aufmerksamkeit von Ihrem Atem zu nehmen. Passiert es doch, so kehren Sie einfach wieder entspannt zurück.

Möchten Sie diese Technik vertiefen, so empfehle ich Ihnen das Buch „Auf den Spuren des erleuchteten Drachen" von Rob Nairn. Es enthält einfache Übungen, die allmählich aufeinander aufbauen und immer tiefer in die Meditation und eine glückliche Lebenshaltung führen.

4. Glückliche Vorstellungen

Glückliche Imaginationen machen glücklich! „Stellen Sie sich vor, wie Sie bestmöglich Ihr Studium gemeistert haben und einen für Sie optimalen Studienabschluss in der Tasche haben." In dieser Art sollten Studierende sich täglich ihr Studienziel vorstellen und in allen Farben ausmalen. Nach vier Wochen ergaben Vergleiche mit der Kontrollgruppe (den „Nicht-Vorstellern"), dass die Teilnehmer signifikant häufiger positive Affekte und seltener negative Stimmungen aufwiesen. Dazu waren sie auch motivierter, ihre Ziele anzugehen.

Übung für den Alltag: Welches Ziel möchten Sie gerne in Ihrem Leben erreichen? Wählen Sie eines Ihrer wichtigsten Ziele aus, machen Sie es sich bequem und stellen Sie sich vor, wie Sie dieses bereits erreicht haben. Wie fühlen Sie sich in diesem Moment? Was ist anders in Ihrem Umfeld, zu Ihren Kollegen, Ihrer Familie? Malen Sie sich den für Sie bestmöglichen Ausgang täglich aus und haben Sie richtig Spaß daran, Ihre Phantasie spielen zu lassen.

5. Glücklich vergeben

Vergeben Sie sich selbst und anderen! Je leichter es Ihnen fällt, anderen zu vergeben, desto besser für Ihre Gesundheit. Zu diesem Ergebnis kommen entsprechende Studien. Stellt man sich beispielsweise innerlich vor, wie man anderen verzeiht, so kann allein diese Imagination schon den Blutdruck senken und erleichtert die tatsächliche Ausführung (Witvliet u. a., 2001). Aber auch das Verzeihen eigener Fehler sorgt dafür, dass man eine höhere Selbstakzeptanz erlangt, was wiederum wichtig für das psychische Wohlbefinden ist.

Übung für den Alltag: Machen Sie eine Liste mit Menschen, denen Sie etwas nachtragen oder die Ihnen Unrecht getan haben. Das wird wahrscheinlich vor allem bei jenen der Fall sein, welchen Sie ein unbehagliches Gefühl bis hin zu Ärger, Wut oder Hass entgegenbringen. Dann schreiben Sie auch alle Dinge auf, für die Sie sich über sich selbst ärgern. Vielleicht weil Sie hier oder dort einen Fehler gemacht haben, weil Sie falsch gehandelt oder eine bestimmte Entscheidung (nicht) getroffen haben oder weil Sie wegen einer Ihrer Taten mit sich selbst nicht im Reinen sind. Dann stellen Sie sich Punkt für Punkt der Liste vor Ihrem inneren Auge vor. Verzeihen Sie den anderen Personen für das, was sie getan haben, indem Sie sich dies vorstellen. Das könnte etwa in Form einer großmütigen Geste erfolgen oder indem Sie sich vorstellen, wie Sie es ihnen sagen. Machen Sie dasselbe mit den Punkten, die Sie selbst betreffen. Der nächste Schritt ist nun, diese Vorstellung in die Realität umzusetzen.

Nehmen Sie sich für diese Übung ausreichend Zeit. Wenn Sie einer Person nicht verzeihen können, dann vergeben Sie sich dafür, dass Sie es nicht können.

6. Beziehungen/soziales Netz pflegen

Freunde machen glücklich! Wer gute Freundschaften pflegt, der erfährt eine höhere Selbstwirksamkeit (glaubt mehr an sich selbst), ist freier und hoffnungsvoller, kommt besser mit seiner Umgebung zurecht und ist glücklicher (Segrin, Taylor, 2007). Vor allem dann, wenn man Freunden etwas anvertrauen kann und ein vertrautes Verhältnis pflegt.

Übung für den Alltag: Verbringen Sie einen Teil Ihrer Freizeit mit Freunden. Dabei sollten Sie darauf achten, sich nicht „nur" zum Reden zu treffen, sondern auch gemeinsam etwas zu unternehmen. Bauen Sie sich zum Beispiel einen Freundeskreis auf, mit welchem Sie einem Verein beitreten oder einen Tanzkurs machen. Alles ist gut, was Spaß macht! Seien Sie dabei offen für die Belange Ihrer Freunde. Teilen Sie ihnen mit, was Sie beschäftigt. Schaffen Sie den Boden für ehrliches Vertrauen und vertrauen Sie.

7. Lächeln

Lächeln Sie sich glücklich! So einfach das klingt, so einfach ist es auch. Alleine dadurch, dass Sie Ihre Mundwinkel nach oben bewegen und zu lächeln beginnen, reagiert Ihr Körper mit physiologischen Prozessen in Richtung Freude (Ekman, 2010). Je öfter Sie lächeln, desto höher ist Ihr durchschnittliches Glücksniveau (bis zu einem gewissen Grad). Auch deshalb, weil die Menschen um Sie herum ebenfalls zu lächeln beginnen.

Übung für den Alltag: Lächeln Sie, wann immer möglich. Ziehen Sie Ihre Mundwinkel nach oben, auch wenn Sie einmal traurig sind, und schauen Sie, was passiert. Je authentischer Sie versuchen, den jeweiligen Gesichtsausdruck herzustellen, desto stärker wird die Emotion in Ihnen sein.

All diese Glücksstrategien helfen Ihnen dabei, mit dem metaphorischen Schlüssel zum Glück umzugehen. Natürlich müssen Sie nicht alle Strategien anwenden. Suchen Sie sich eine aus und praktizieren Sie diese regelmäßig, bevor Sie eine neue ausprobieren. Manche lassen sich sicherlich auch kombinieren, doch achten Sie darauf, nicht alles auf einmal zu wollen. Ein Ergebnis der modernen Psychologie besagt nämlich, dass glückliche Menschen weniger gezielt ihr Glück erschaffen, sondern das Glücklichsein einfach ein Nebenprodukt ihres Tuns ist. Dieses Tun enthält die genauen Zutaten zur Herstellung unseres Glücksschlüssels.

Die zehn Glücksgebote im Überblick

Frei nach den Glückselementen nach Fordyce (2000) stelle ich Ihnen die zehn Glücksgebote vor. Sie resultieren aus mehr als dreißig Jahren Forschung und beschreiben, durch was sich glückliche von unglücklichen Menschen unterscheiden. Diese Gebote ergeben abschließend das Rezept zum Glücklichsein, füllen die Schlüsselform und liefern uns den Schlüssel zum Anwenden der Glücksstrategien.

1. Seien Sie aktiv und beschäftigt!

Glückliche Menschen sind stets aktiv und verbringen einen Großteil ihres Tages mit unterschiedlichsten Aktivitäten. Diese sind meist aufregend, neu, kreativ, machen Spaß, haben mit anderen Menschen zu tun und sind sinnvoll. Unglückliche Menschen dagegen kämpfen damit, nie wirklich fertig zu werden, und beschäftigen sich eher mit langweiligen, eingefahrenen Alltagsdingen und erleben viel Routine.

2. Verbringen Sie viel Zeit in Gesellschaft!

Aktive soziale Unternehmungen, die auf einer vertrauensvollen Basis beruhen (Freunde, Familie etc.), machen glücklicher als Geld und Erfolg. Diese Beziehungen heißt es zu pflegen! Besonders sehr vertraute beziehungsweise intime Beziehungen sorgen für ein hohes Maß an Glück, was insbesondere für romantische Liebesbeziehungen gilt.

3. Seien Sie produktiv bei sinnvoller Arbeit!

Die eigenen Arbeitsaktivitäten sollten sowohl sinnvoll wie auch produktiv sein. Unproduktivität führt auf Dauer zur Depression, ebenso wie Sinnlosigkeit.

4. Organisieren Sie sich gut und planen Sie!

Glückliche Menschen wissen, wohin sie möchten, und mobilisieren die Fähigkeiten und Ressourcen, um dorthin zu gelangen. Unglücklichere Personen sind oft zerstreut, leicht abzulenken und zu irritieren.

5. Seien Sie im Hier und Jetzt, und hören Sie auf, sich zu viele Sorgen zu machen!

Hiermit ist die Fähigkeit gemeint, vollkommen im Jetzt zu leben. Glückliche Menschen sind sehr am Jetzt orientiert und versuchen das Beste aus dem Heute und dem Jetzt zu schöpfen, indem Sie sich keine Sorgen um das Morgen machen und sich nicht um die Fehler von gestern kümmern.

6. Senken Sie Ihre Erwartungen!

Glückliche Menschen setzen sich erreichbare Ziele und haben einen gemäßigten Ehrgeiz. Dadurch werden ihre Erwartungen auch erfüllt und ihre Ziele realisierbar.

7. Entwickeln Sie optimistisches, positives Denken!

Optimismus ist eine der wichtigsten Fähigkeiten zum Glücklichsein. Optimistische Menschen sehen die meisten Situationen in ihrem Leben in einem guten Licht und pflegen positive Gedankenstrukturen.

8. Entwickeln Sie eine aufgeschlossene und soziale Persönlichkeit!

Glückliche Menschen sind aufgeschlossen, freundlich, gehen auf andere zu und pflegen damit ihre sozialen Kontakte. Auch schüchterne Menschen können diese Fähigkeiten ausbilden.

9. Seien Sie authentisch!

Glückliche Menschen sind einfach sie selbst, ohne auf das zu achten, was andere darüber denken. Sie versuchen nicht, ins Schema zu passen oder den Erwartungen anderer gerecht zu werden.

10. Eliminieren Sie negative Gefühle!

Glückliche Menschen haben weniger Probleme, Ängste, Feinde, neurotische Symptome oder ähnliche Schwierigkeiten als der Durchschnittsbürger, weil sie besser mit negativen Gefühlen umgehen können. Sie drücken negative Gefühle aus, wenn sie diese empfinden oder kurz danach, und fressen sie nicht in sich hinein.

Alle diese zehn Glücksgebote wurden durch die Forschung als Eigenschaften glücklicher Menschen ausgemacht; ihre Wirkung ist wissenschaftlich belegt. So führte Fordyce insgesamt sieben Studien durch, um die Effekte der Elemente zu messen. Sie ergaben, dass von insgesamt 338 teilnehmenden Studenten 81 Prozent in ihrer Selbsteinschätzung glücklicher und 38 Prozent sogar viel glücklicher wurden, nachdem sie sich mit den Elementen beschäftigt hatten. Alleine die Beschäftigung mit dem Thema Glück und die Kenntnis über dessen Ursachen tragen also dazu bei, dass man glücklicher wird. Insofern beschreiten Sie mit der Lektüre dieses Kapitels bereits den ersten Schritt zu Ihrem persönlichen Glücklichsein!

Der nächste Schritt besteht nur noch darin, Ihren Glücksschlüssel ins Schloss zu stecken, ihn umzudrehen und regelmäßig anzuwenden. Haben Sie Spaß dabei und gehen Sie neue Wege, denn dort wartet das Glück auf Sie. Dabei wünsche ich Ihnen viel Erfolg!

> „Life is not about finding yourself. Life is about creating yourself!"

Weiterführende Literatur zu der Studie finden Sie am Ende des Buches im Literaturanhang.

Über die innere Balance zur Ausstrahlung

Nur ein Mensch von höchster und glücklichster
geistiger Ausgeglichenheit versteht es,
auf eine Weise fröhlich zu sein, die ansteckend wirkt,
das heißt unwiderstehlich und gutmütig. Fjodor M. Dostojewski

In den vorangegangenen Kapiteln wurden die Grundsätze einer magischen Ausstrahlung, die Bedeutung der Energie und des Prinzips von Innen nach Außen beschrieben.

Im zweiten Abschnitt haben wir uns die Bedingungen angesehen, die unser Innen beeinflussen. Und im dritten Kapitel haben wir einen Ausflug zum Thema Glück unternommen.

Wie bei der Entwicklung eines Szenarios haben wir die grundsätzliche Entstehung der menschlichen Ausstrahlung betrachtet, den Idealzustand beschrieben und uns die Hindernisse angesehen, die es zu beachten gilt.

In diesem Kapitel steht der Weg im Mittelpunkt, die innere Balance zwischen den beschriebenen Kräften zu finden.

Die größte Diskrepanz zwischen den gesellschaftlichen Bedingungen und den Voraussetzungen für eine magische Ausstrahlung liegt in den folgenden Punkten:

Gesellschaft	Idealsituation
Getrieben werden	Bewusst-sein
Geschwindigkeit	Langsamkeit
Oberflächlichkeit	Achtsamkeit
Haben	Sein
Pessimismus	Optimismus
Rastlosigkeit	Präsenz
Prestige	Sinnhaftigkeit

Das Prinzip der Balance

Das Beibehalten eines ausgeglichenen Gemüts in Hitze und Kälte, Vergnügen und Schmerz, Ehre und Schande kennzeichnet die spirituell voll Entwickelten.
Das Beibehalten körperlicher, geistig-seelischer und verstandesmäßiger Ausgeglichenheit, ganz gleich, wie schwierig die jeweilige Herausforderung ist, führt zu immerwährender Fröhlichkeit.

Bhagavadgita, Übersetzung von Peter Kobbe

Da für mich die Idee auszuwandern keine wirkliche Alternative darstellt, habe ich mir als Ziel gesetzt, eine Balance zu finden zwischen der Welt, in der ich lebe, und meinen persönlichen Überzeugungen und Wertigkeiten. Sowohl in Form der inneren Ausgeglichenheit als auch in der Ausgewogenheit der Wertigkeiten und Maßnahmen.

Nach meiner Erfahrung führt eine zu starke Polarisierung zu Intoleranz, Rechthaberei und „Glaubenskriegen". Dies erlebe ich in der Politik gleichermaßen wie im alltäglichen Leben.

Allerdings sind Pole wichtige Orientierungshilfen. Genauso wie Nord- und Südpol die Endpunkte unserer Erde darstellen, stecken Pole für mich das Spielfeld ab, auf dem ich mich bewege.

Die gerade in der Tabelle genannten Begriffe legen das Spielfeld fest, in dem sich mein Leben bewegt. Bewegen wir uns zu sehr auf der einen Seite des Spielfeldes, werden wir wichtige Dinge aus den Augen verlieren. Die Konsequenz dieser einseitigen Polarisierung möchte ich anhand eines tatsächlich stattgefundenen sportlichen Ereignisses beschreiben:

Das Spiel in der Handball-Champions-League stand kurz vor dem Schlusspfiff. Die Heimmannschaft war in Ballbesitz und hatte damit die Chance, das ausgeglichene Spiel mit einem entscheidenden Treffer für sich zu entscheiden. Durch einen Fehlpass gelangte jedoch das gegnerische Team in Ballbesitz und startete in Überzahl einen Schnellangriff. Der Trainer der Heimmannschaft erkannte die brenzlige Situation wenige Sekunden vor dem Abpfiff. Er sprang von der Trainerbank auf, lief auf das Spielfeld und hielt die ballführende, gegnerische Spielerin am Trikot fest. Das Spiel wurde unterbrochen, die Spieluhr angehalten und der Trainer auf die Tribüne verbannt. Durch die Unterbrechung konnte die Heimmannschaft ihre Abwehr wieder sortieren und den Angriff der Gegnerinnen erfolgreich überstehen. Das Spiel endete unentschieden. Der Trainer hatte mit seinem Eingreifen die Niederlage seines Teams erfolgreich verhindert.

Die Frage lautet nun, ob dieses Verhalten gerechtfertigt war. Diese Frage muss eindeutig mit Ja beantwortet werden, wenn es im Sport „absolut" um das Gewinnen gehen sollte. In diesem Fall war der Trainer verpflichtet, alles zu tun, die Niederlage zu verhindern. Wenn wir diese Konsequenz zu Ende denken, sind auch alle Zuschauer verpflichtet, alles zu unternehmen, um den Gewinn der eigenen Mannschaft zu ermöglichen. Dies führt letztendlich zum Untergang des Sports.

Die Faszination des Sports besteht nicht nur in der Frage nach Sieg oder Niederlage. Bewegung, Fairness, Teamspirit, Regeln im Umgang sind genauso wichtige Elemente.

Nur wenn diese in der Balance miteinander stehen, ergibt sich das, was wir am Sport so lieben.

> In der Balance zu sein, ist auch für unser persönliches Leben elementar. Eine einseitige Ausrichtung führt unweigerlich zu einer Verarmung und letztendlich zur Sinnlosigkeit.

Für die meisten von uns stellt sich sicherlich nicht das Problem, zu weit auf der rechten Seite des beschriebenen Spielfelds zu sein. Mangelnde Energie und Ausstrahlung resultieren daraus, dass wir uns zu weit links auf dem Spielfeld bewegen.

Zu viel Anpassung an die gesellschaftliche Prägung bedeutet, die Themen auf der linken Seite der Tabelle zu favorisieren und sich damit von den Ursprüngen der Ausstrahlung zu entfernen. Bewegen wir uns nur auf der rechten Seite, laufen wir Gefahr, uns aus der Gesellschaft, in der wir uns bewegen, auszuschließen.

Da sich die meisten von uns eher auf der linken Seite der Tabelle bewegen, lautet die Herausforderung, um zur inneren Balance zu gelangen, die Bereiche auf der rechten Seite bewusster in Ihr Leben und Ihren Alltag zu integrieren.

Getrieben werden – Bewusst-sein

Der Körper ist Träger unseres Bewusstseins,
und dieser Träger strahlt aus, was er trägt,
nämlich unser Bewusstsein.

Joseph Schmidt

Das Ei war aus dem Adlernest gerollt, den ganzen Abhang hinab, über Wiesen und Felder bis in die hinterste Ecke einer Scheune. Dort fand es eine Henne, die begann, das Ei auszubrüten. Als es so weit war, schlüpfte das Adlerjunge zusammen mit den anderen Küken. Bald begann es, wie die anderen, auf dem Boden liegende Körner aufzupicken. Während die Zeit voranschritt, entwickelte der kleine Adler eine Sehnsucht danach, fliegen zu können. Er träumte davon, sich in die Lüfte zu erheben und über die Grenzen des Bauernhofs die Landschaft zu erkunden. Immer, wenn die Henne den kleinen Adler beim Träumen erwischte, ermahnte sie ihn, sich an den anderen Hühnern ein Beispiel zu nehmen und weiter zu picken. Eines Tages sah der kleine Adler ganz weit oben am Himmel einen ausgewachsenen Adler kreisen …

✎ _____

_____

_____

_____

(An dieser Stelle besteht die in der Einleitung angesprochene Gelegenheit, Co-Autor dieses Buches zu werden. Formulieren Sie Ihre eigenen Gedanken zu dem angesprochenen Thema!)

Wenn Sie möchten, können Sie nun die Geschichte vom kleinen Adler, der im Hühnerstall aufgewachsen ist, weiterschreiben. Sie entscheiden, ob sich diese Geschichte zu einer Erfolgsstory entwickelt oder nicht.

Gestern ging ich in unser Rathaus, um ein Ausweisdokument zu beantragen. Im Bürgerbüro traf ich an der Servicestelle auf zwei Damen, deren Ausstrahlung nicht unterschiedlicher hätte sein können. Die erste begrüßte ihre Kunden mit einem freundlichen Lächeln und der Frage: „Guten Morgen, was kann ich für Sie tun?" Ihrer Kollegin war deutlich anzusehen, dass ihr der nach einem langen Wochenende erhöhte Publikumsandrang Stress bereitete. Sie sah den jungen Mann vor mir ungeduldig an und forderte ihn mit einem knappen „Bitte" auf, seinen Wunsch vorzutragen. So viel ich mitbekam, handelte es sich um die Beglaubigung eines Dokumentes. Die Frau warf einen kurzen Blick auf das Dokument, schüttelte den Kopf und sagte: „Da sind Sie bei uns falsch. Das kann ich nicht beglaubigen. Wie kommen Sie darauf, dass wir so etwas beglaubigen?" Trotz des genervten Untertons blieb der junge Mann ganz gelassen und antwortete, dass seine Mutter ihm den Rat gegeben hatte, mal im Rathaus nachzufragen, und ob Sie ihm wohl einen Tipp geben könne, wohin er sich wenden müsse. Die Antwort der Frau fiel so aus: „Das weiß ich auch nicht, bei uns sind Sie jedenfalls verkehrt. Wir können dieses Schreiben nicht beglaubigen." Der junge Mann steckte das Dokument ein, verabschiedete sich und verließ den Raum. In diesem Moment drehte sich die Dame hinter dem Schalter mit einem Kopfschütteln zu ihrer Kollegin um und sagte: „Das gibt's doch nicht, oder?"

Der schlechte Zustand der Dame war von Anfang an für alle Anwesenden spürbar. Sie wirkte überfordert und genervt. Sie befand sich in einem Kreislauf, der sie vermutlich den ganzen Tag begleiten würde, wenn es ihr nicht gelang, ihn zu durchbrechen. Ich stellte mir vor, was die beiden Frauen am Abend zu Hause auf die Frage „Na, wie war es denn heute?" antworten würden. Ich wurde sofort an eine alte indische Geschichte erinnert: an die Geschichte vom Tempel mit den tausend Spiegeln.

Einst gab es in Indien den Tempel der tausend Spiegel. Er lag hoch oben auf einem Berg, und sein Anblick war gewaltig. Eines Tages kam ein Hund des Wegs und erklomm den Berg. Er stieg die Stufen des Tempels hinauf und betrat den Tempel der tausend Spiegel.
Als er in den Saal der tausend Spiegel kam, sah er tausend Hunde. Er bekam Angst, sträubte das Nackenfell, klemmte den Schwanz zwischen die Beine, knurrte furchtbar und fletschte die Zähne. Und tausend Hunde sträubten das Nackenfell, klemmten die Schwänze zwischen die Beine, knurrten furchtbar und fletschten die Zähne. Voller Panik rannte der Hund aus dem Tempel und glaubte von nun an, dass die ganze Welt aus knurrenden, gefährlichen und bedrohlichen Hunden bestehe.

Einige Zeit später kam ein anderer Hund und erklomm den Berg. Auch er stieg die Stufen hinauf und betrat den Tempel. Als er in den Saal mit den tausend Spiegeln kam, sah auch er tausend andere Hunde. Er aber freute sich. Er wedelte mit dem Schwanz, sprang fröhlich hin und her und forderte die anderen Hunde zum Spielen auf. Dieser Hund verließ den Tempel mit der Überzeugung, dass die ganze Welt aus netten, freundlichen Hunden bestehe, die ihm wohlgesinnt sind.

Wir alle wissen, dass der Zustand, in dem wir uns befinden, sehr wechselhaft sein kann. Es gibt dafür den Begriff „Laune", und wir bezeichnen Menschen, bei denen diese Laune ohne erkennbare Ursache häufig wechselt, als „launenhaft". Tatsächlich sind wir alle mehr oder weniger launenhafte

Launen entstehen aus miteinander konkurrierenden Bedürfnissen.

Wesen. Diese Launen entstehen aus miteinander konkurrierenden Bedürfnissen.

In unserer Erziehung, sei es durch das Elternhaus oder die Schule, werden wir angehalten, diese Launen im Zaum zu halten, sie zu kontrollieren beziehungsweise zu unterdrücken. Unterdrückte Launen sind angenehmer für unsere Umgebung, weil wir berechenbarer, kalkulierbarer für unsere Mitmenschen werden. Mit der Unterdrückung dieser Launen unterdrücken wir allerdings neben den Bedürfnissen, die sie auslösen, auch ein riesiges Energiepotenzial. Der Preis der Anpassung ist somit die Verringerung der Energie. Unterdrückte Bedürfnisse rauben uns Energie.

Wie können wir dieses Energiepotenzial nutzen und dennoch für unsere Umgebung berechenbar und angenehm bleiben? Wie gelingt es uns, Bewusst-sein für unseren Zustand zu entwickeln?

Diese Frage klingt vielleicht banal. Tatsächlich gelingt es uns jedoch immer seltener, uns unseres Zustands bewusst zu sein.

Hierzu lege ich Ihnen eine erste Übung ans Herz. Sie benötigt täglich etwa eine bis fünf Minuten Zeit, ist überall und jederzeit durchführbar und benötigt keinerlei Vorkenntnisse. Sie können sie beispielsweise morgens am Frühstückstisch, auf dem Weg zur Arbeit oder gerade jetzt in diesem Moment durchführen. Die Übung heißt:

„Mache dir deinen gegenwärtigen Zustand bewusst."

Schließen Sie kurz die Augen (nicht zwingend erforderlich), und fühlen Sie in Ihren Körper hinein. Achten Sie auf Anspannungen, zum Beispiel Ihrer Hände, Ihrer Schulter oder Ihrer Stirn, und fragen Sie sich, wie Sie sich in diesem Moment fühlen.

Das ist auch schon alles. Räumen Sie dieser kleinen Bewusstseinsübung einen festen Platz ein, wie Sie für das Zähneputzen oder das Kaffeetrinken täglich genügend Zeit reservieren.

Der zweite Schritt des Sich-selbst-bewusst-Seins besteht darin, die Ursache für den bestehenden Zustand (oder die bestehende Laune) zu erkennen. Wenn es uns gelingt, die Gründe für unsere Launen zu erkennen, haben wir die Möglichkeit, auf sie einzuwirken. Dies klingt einfach, ist es aber leider nicht immer. Häufig stellt die Verantwortung für unseren Zustand ein komplexes Gebilde dar, und dies gilt vielfach auch für die vermeintlich leicht zu identifizierenden Ursachen.

Um die Ursachen für unseren energetischen Zustand zu ergründen, existieren drei richtungsweisende Strategien.
1. Die Energieräuber ergründen und damit umgehen.
2. Loslassen von Energieverzehrern.
3. Sich der Energiegeber bewusster werden.

Bei den beiden ersten Strategien spielt die Balance in der Anwendung die entscheidende Rolle. Und diese ist abhängig von der Persönlichkeit jedes Menschen. Wir können die Menschen in zwei Kategorien einteilen:
- die Problemverdränger und
- die Problemsuhler.

Die Problemverdränger neigen nicht nur dazu, Probleme zu ignorieren; sie schieben auch sehr gerne die Verantwortung für gewisse Misserfolge von sich auf andere oder die äußeren Umstände. Auf diese Weise versuchen sie sich nicht nur der Verantwortung für das Geschehene, sondern auch der Verantwortung für die Zukunft zu entledigen. Sie machen sich selbst zu hilflosen Opfern des Schicksals. Dies spiegelt sich gerne in den Gesprächsthemen der Problemverdränger wider.

Stellen Sie sich dazu einmal ein typisches Stammtischgespräch vor. Worüber unterhalten sich die Anwesenden und in welchem Tenor?

Als Themen sind folgende Favoriten anzutreffen: das Wetter, die Politik, die Gesellschaft, die Preissteigerung … Die Tendenz, in der diese Themen diskutiert werden, ist meist negativ. Gemeinsames Jammern und Schimpfen kann uns zwar gut tun. Wir sollten es nur nicht übertreiben, da es sich sonst fest in unserem Verhalten einnistet.

Es ergibt sich aus der Auswahl der Themen eine weitere Problematik. Es handelt sich um Bereiche, auf die unser Einfluss begrenzt ist.

Abbildung 5: Einflusskreise

In dieser Grafik wird der Grad unseres Einflusses auf verschiedene Themen dargestellt. Von innen nach außen nimmt der Wirkungsgrad ab. Den größten Einfluss (nahezu 100 Prozent) haben wir logischerweise auf uns selbst. Einen bedingten Einfluss können wir auf unser unmittelbares Umfeld nehmen, während unser Einfluss auf Politik, Gesellschaft oder das Wetter eher gering ausfällt. Kurios wird diese Erkenntnis, wenn wir sie in Relation setzen zu den Dingen, die uns beschäftigen und häufig sogar ärgern. Der größte Teil unserer Energie fließt in den äußeren Kreis, also in Bereiche, auf die wir bestenfalls einen theoretischen Einfluss haben. Dabei handelt es sich um sage und schreibe etwa 60 Prozent unserer Energie! 30 Prozent investieren wir in die Themen, auf die wir einen bedingten Einfluss besitzen. Es bleibt ein Rest von 10 Prozent für die Frage, wie wir uns in dieser Situation verhalten.

Falls Sie es nicht bereits getan haben, empfehle ich Ihnen, die Verteilung Ihrer Energien neu zu sortieren.

> „Gott gebe mir die Gelassenheit, die Dinge zu akzeptieren, die ich nicht ändern kann, den Mut, die Dinge zu verändern, die ich beeinflussen kann, und die Weisheit, das eine von dem anderen zu unterscheiden."

Für die Problemsuhler gilt: Verlieren Sie sich nicht in der Ursachenergründung. Die Welt ist voll von Menschen, die vergessen haben, glücklich zu sein, weil sie zu sehr damit beschäftigt sind, Gründe für ihre Unzufriedenheit zu finden.

Loslassen und Abschalten zu können sind zwei der größten Aufgaben in unserer Zeit.

Vielen von uns fällt es schwer, sich zum Feierabend wirklich von den beruflichen Themen zu lösen. Der Rückgriff auf Rituale hat sich hier bewährt. Nutzen Sie die Heimfahrt von Ihrem Arbeitsplatz dazu, Ihre beruflichen Aufgaben abzuschließen. Der Moment, in dem Sie zu Hause die

Autotür hinter sich schließen, ist der Moment, ab dem Sie Ihre Aufmerksamkeit ganz der Freizeit, den Kindern, dem Partner widmen.

Genauso wertvoll, wie sich von Problemen und Energieverzehrern zu lösen, ist das bewusste Aufsuchen von Energiegebern. Was gibt Ihnen Energie? In welchen Situationen tanken Sie auf?

Ist es der Kontakt mit Freunden oder der Familie, das Erleben von Natur, Hobbys, die Anwendung von Meditation oder Wellness, Reisen? Jeder Mensch ist bezüglich seiner Energietankstellen individuell. Was uns alle vereint, ist der Zeitmangel, diese Energieoasen regelmäßig aufzusuchen. Aber genau dies ist in einer Welt, in der uns täglich sehr viel Energie abverlangt wird, enorm wichtig.

✎ _____

_____

_____

_____

_____

(An dieser Stelle besteht die in der Einleitung angesprochene Gelegenheit, Co-Autor dieses Buches zu werden. Formulieren Sie Ihre eigenen Gedanken zu dem angesprochenen Thema!)

Selbst-bewusst sein

Liebe deinen Nächsten wie dich selbst   3. Buch Mose

In der Psychologie gibt es den Unterschied zwischen Tun-Kindern und Sein-Kindern. Tun-Kinder erhalten Zuneigung und Anerkennung immer dann, wenn sie etwas getan haben. Auf die positive Handlung des Kindes folgt die Reaktion. Sein-Kinder dagegen erhalten diese Zuneigung allein dafür, dass sie existieren. Dieses Verhalten wird offensichtlich weitergegeben. Sein-Kinder neigen dazu, ihre eigenen Kinder stärker auch dann wertzuschätzen, wenn keine vorherige Handlung des Kindes erfolgt ist. Es geht mir an dieser Stelle nicht darum, eine Bewertung der unterschiedlichen Verhaltensweisen oder Erziehungsstile vorzunehmen. Anzunehmen ist jedoch, dass sich diese Unterschiede in der Erziehung auf das spätere Selbstwertgefühl der Menschen auswirken.

Den meisten Menschen fällt es schwer, sich so zu lieben, wie sie sind. Bei Frauen stellt ihr Aussehen nicht selten den Grund für eine ständige Unzufriedenheit dar. Bei Männern werden häufig der berufliche Erfolg und das Einkommen als Maßstab angelegt. Erschwerend kommt in beiden Fällen hinzu, dass die Medienwelt uns meist Vorgaben liefert, die

> **Den meisten Menschen fällt es schwer, sich so zu lieben, wie sie sind.**

in der Realität für die meisten unerreichbar sind. Ich wundere mich immer darüber, dass Zeitschriften wie „Das Goldene Blatt", „Bunte" oder „Gala" so erfolgreich sind. Anscheinend träumen die Menschen gerne von einem anderen Leben – und am besten von einem, das sie nie selbst führen werden. Der größte Irrtum bei dieser Illusion besteht in dem Glauben, dass die Prinzessinnen und Showstars ein glücklicheres Leben führen als man selbst. In Wirklichkeit sind sie genauso glücklich oder zufrieden wie jeder andere Mensch auch. Und sie dienen genauso gut oder schlecht als Vorbilder für ein erfülltes Leben wie der Nachbar um die Ecke.

Die Tatsache, dass man ein adliges Kind ist oder ein besonderes Talent zum Singen oder Schauspielen besitzt oder viel Geld verdient, macht aus niemandem einen wertvolleren Menschen. Und dass Barbies Maße eher für einen Mutanten als für einen realen Menschen bestimmt sind, dürfte sich mittlerweile ebenfalls herumgesprochen haben.

Alle Menschen, beispielsweise das fünfjährige Mädchen im Kindergarten, sind im gleichen Maß liebenswert. Nur sind sich dessen die wenigsten Menschen bewusst.

Oberflächlichkeit – Achtsamkeit

Meistens ist man viel zu sehr damit beschäftigt,
zu leben – es gibt immer viel zu viel zu tun,
und es bleibt viel zu wenig Zeit für alles.
Wer sich aber dem inneren Leben widmet,
erschafft sich seine Zeit. Strephon K. Williams, Autor

Der Begriff Achtsamkeit war noch vor kurzer Zeit reserviert für Menschen, denen man eher mit Skepsis gegenüberstand. Nachdem unser ehemaliger Bundespräsident Horst Köhler in seiner letzten Weihnachtsansprache zu einer „Kultur der Achtsamkeit" aufrief, hat sich dies offensichtlich geändert.

Achtsamkeit setzt sich aus zwei wesentlichen Faktoren zusammen: Entschleunigung und Wahrnehmung. Tatsächlich ist die Geschwindigkeit, in der wir leben, viel zu hoch. Wir hetzen von Termin zu Termin und **Entschleunigung** stehen fast immer unter Zeitdruck. **und Wahrnehmung** Dadurch verändert sich unsere Wahrnehmung. Sie wird zunehmend oberflächlicher. Und dies wirkt sich negativ auf unseren Energiehaushalt aus.

Vor ein paar Jahren hatte sich ein Mann vorgenommen, Italien komplett von Süden nach Norden zu durchqueren. Das Besondere an seiner Reise: Er plante, sie gänzlich zu Fuß durchzuführen. Nachdem er ein paar Wochen unterwegs war, verschlechterte sich das Wetter und es regnete. Der Mann beschloss daher, die nächste Etappe mit dem Bus zurückzulegen. Bereits an der ersten Station stieg er wieder aus dem Bus aus, denn es ging ihm viel zu schnell. In den vorangegangenen Tagen hatte sich seine Wahrnehmung grundsätzlich verändert. Er nahm die Landschaft mit seinen vielen Details bewusst war und betrachtete sie in Ruhe und ohne Zeitdruck. Was sich ebenfalls geändert hatte, war der Kontakt zu den Menschen auf seiner Route. In den Dörfern, die er durchquerte, kam er mit vielen Einheimischen ins Gespräch, was seine Sensibilität und Achtsamkeit förderte.

Da unser Alltag durch eine rasante Geschwindigkeit und eine unüberschaubare Komplexität geprägt ist, sehnen sich immer mehr Menschen nach Entschleunigung und Einfachheit. Die Pilgerreisen boomen nicht erst nach Hape Kerkelings Buch „Ich bin dann mal weg". Das Bedürfnis, zur Ruhe zu kommen und Zeit für sich zu haben, ist offensichtlich.

Das Bedürfnis, Zeit für sich zu haben, ist offensichtlich.

In manchen meiner Seminare fordere ich die Teilnehmer nach dem Mittagessen auf, ihre Handys liegen zu lassen und in den Grünanlagen des Hotels eine halbe Stunde spazieren zu gehen. Aufgabe ist es, allein durch die Anlage zu schlendern und bewusst mit allen Sinnen wahrzunehmen. Für viele stellt dies eine ganz außergewöhnliche Situation dar. Normalerweise werden Seminarpausen genutzt, um

Nachrichten auf dem Handy abzuhören oder „wichtige" Telefonate zu führen.

Achtsamkeit bedeutet, die Dinge, die wir tun, bewusst zu tun.

Beispiel Nahrungsaufnahme: Wie bewusst nehmen wir unsere Nahrung zu uns? Vielfach bedeutet ein Essen für uns nicht mehr als die Gelegenheit, andere Dinge zu tun – mit einem Geschäftspartner oder Kunden zu verhandeln, die Zeitung zu lesen oder andere Dinge zu planen. Achtsamkeit bedeutet, mit meinen Sinnen und meiner Aufmerksamkeit bei meiner Tätigkeit zu sein und sei sie auch noch so banal oder automatisiert.

Im Buddhismus gilt Achtsamkeit als eine der wichtigsten Grundlagen auf dem Weg zur Erleuchtung, die wiederum dazu führt, dass jegliches Leid überwunden wird. Die sogenannten vier Grundlagen der Achtsamkeit sind hierbei:
1. Achtsamkeit auf den Körper
2. Achtsamkeit auf die Gefühle
3. Achtsamkeit auf den Geist
4. Achtsamkeit auf die Geistesobjekte

(Mit Geistesobjekten sind die Dinge gemeint, mit denen wir uns gedanklich beschäftigen. Der Buddhismus beschreibt die Vergänglichkeit dieser Geistesobjekte.)

Buddha erklärt den Begriff wie folgt:

> „Wenn ihr eine Frucht esst und euch im gleichen Moment
> bewusst seid, dass ihr diese Frucht esst, dann bedeutet
> dies Achtsamkeit. Wenn ihr wütend seid und ihr euch im
> gleichen Augenblick bewusst seid, dass ihr wütend seid,
> dann bedeutet das Achtsamkeit."

Pessimismus – Optimismus

Halte dir jeden Tag 30 Minuten für deine Sorgen frei,
und in dieser Zeit mache ein Nickerchen.   Abraham Lincoln

Ausgerechnet am Samstag muss Tom den Gartenzaun streichen. Darum kann er sich nicht die fehlenden Fleißzettel
für den Bibelpreis besorgen. Als die anderen Tom hänseln,
tut er so, als sei Anstreichen ein Mordsspaß.

Wer will denn schwimmen, wenn er die Chance bekommt, einen Zaun
zu streichen! Mit allem nur möglichen Enthusiasmus vertieft sich Tom
Sawyer in die Arbeit, trägt hier einen Pinselstrich auf, beäugt dort eine
noch nicht perfekt getünchte Stelle. Sein Freund Ben ist ungläubig —
und wird neugierig. Ob er vielleicht nicht auch mal ein wenig pinseln
dürfe? Tom Sawyer guckt skeptisch: Könne Ben das denn überhaupt
gut genug? Seine Tante Polly sei sehr kritisch in solchen Dingen ...
Ben wird nervös. Er habe einen Apfel, den er Tom schenken könne!

Tom windet sich ein wenig, schließlich willigt er ein. Am Ende des Tages hat er mehrere seiner Freunde davon überzeugt, dass sie nichts lieber wollen, als diesen einen Zaun zu streichen.

Tom Sawyer hat seinem Freund eine Option der Freizeitgestaltung schmackhaft gemacht, auf die er nicht im Traum verfallen wäre – wäre sie nicht so schwer zu erreichen gewesen. Erst dadurch, dass Tom auf seine kritische Tante verwies und damit unterschwellig andeutete, nur die Besten würden eine solche Aufgabe bewerkstelligen, konnte er Ben überzeugen. Mehr noch, der Freund zahlte sogar dafür, die Arbeit zu tun. Den Zaun zu streichen erscheint nun als etwas ganz Besonderes – und die Tatsache, dass Tante Polly nicht jeden diese Arbeit tun lässt, macht die Möglichkeit nur noch attraktiver. Die Handlung des Zaunstreichens war plötzlich eine exklusive Option.

Die Episode aus den Abenteuern von Tom Sawyer und Huckleberry Finn veranschaulicht die Macht unserer Gedanken. Mit unserer Einstellung entscheiden wir, ob uns etwas Spaß macht oder nicht. Und dieses Prinzip gilt nicht nur für das Streichen eines Zaunes. „Wähle deine Einstellung" (deinen Glaubenssatz) lautet die Devise. Bereits morgens beim Aufstehen triffst du eine Entscheidung, ob es dir heute gut gehen wird oder nicht.

„Wähle deine Einstellung."

Der griechische Philosoph Epiktet hat diese Erkenntnis schon vor beinahe 2000 Jahren wie folgt auf den Punkt gebracht:

> „Es sind nicht die Dinge selbst, die uns Probleme bereiten, sondern die Gedanken, die wir uns dazu machen!"

Dies wird deutlich, wenn wir uns den Unterschied zwischen einer Tragödie und einer Komödie einmal ansehen. Inhaltlich existiert kein Unterschied. Die gleiche Story, aus der „Produzenten" eine zu Tränen rührende Tragödie entwickeln, dient einem anderen dazu, eine witzige Komödie zu kreieren. Der Inhalt unterscheidet sich in beiden Darstellungsformen grundsätzlich nicht voneinander: Beide Male geht es um die Schicksale von Personen. Allein die Art der Interpretation entscheidet über das Genre.

Genau wie der Produzent zwischen Tragödie und Komödie entscheidet, haben wir über die Macht unserer Gedanken die Möglichkeit, zu entscheiden, ob unser Leben ein Drama oder ein Lustspiel darstellt. Dabei hilft uns ein einfacher Trick.

Nehmen wir an, der gegenwärtige Tag erscheint uns ein gebrauchter Tag zu sein. Was uns auch begegnet, alles scheint irgendwie schiefzulaufen. Es beginnt damit, dass unser Handy sich eine Woche früher entschieden hat, von Sommerzeit auf Winterzeit umzustellen. Bis wir dies bemerken, ist der anstehende Termin in fast unerreichbare Nähe gerückt. Wir stürmen aus dem Haus und stellen fest, dass heute der erste Morgen ist, an dem die Autoscheiben vereist sind (natürlich gerade heute). Nachdem wir mühsam mit irgendwelchen skurrilen Gegenständen ein kleines Guckloch in die Frontscheibe gehackt haben, bemerken wir, dass die Batterie in unserem Auto doch nicht mehr den Winter überleben wird. Falls wir den Motor in Gang gebracht haben, fällt uns heute auf, dass alle Ampeln (absichtlich) etwa 70 Meter, bevor wir die Kreuzung erreicht haben, auf Rot schalten. Meist schafft es der vor uns Fahrende, der uns durch seine übertrieben langsame Fahrweise (er scheint nicht unter Termindruck zu stehen) extrem auf-hält, gerade noch bei Dunkelorange über die Kreuzung, während uns die Aussicht auf ein „Ticket" doch im letzten Moment zum Abbremsen bringt, denn wir haben schon genug Punkte in Flensburg.

Ich bin mir sicher, dass es Ihnen sehr leichtfällt, den wei-teren Verlauf dieses Tages zu beschreiben. In irgendeinem Moment an solchen Tagen erreicht mich die Assoziation, dass gerade eine Komödie gedreht wird, in der ich der Hauptdarsteller bin. Meist fällt mir dann noch die Titel-melodie der amerikanischen Fernsehserie „Männerwirt-schaft" ein. Und in diesem Moment fällt der ganze Stress von mir ab.

Mit der Wahl der Einstellung steuern wir unsere Wahrnehmung. Wir entscheiden damit über den Fokus unserer Empfindungen.

Als ich einmal in Stuttgart beruflich zu tun hatte, machte ich eine außergewöhnliche Erfahrung. Es regnete in Strömen. Die paar Meter vom Hoteleingang zum Taxi waren eine Herausforderung. Als ich im Taxi saß, begrüßte mich der Fahrer mit den Worten: „Ist das nicht ein herrliches Wetter, jetzt wird die Stadt mal so richtig sauber gewaschen." Mmh, dachte ich, der hat das positive Denken aber wirklich bei sich installiert.

Taxifahrer eignen sich grundsätzlich für das Thema positives oder negatives Denken. Viele von ihnen schimpfen die ganze Fahrt über. Meist über den Verkehr, die Politik und die Menschen im Allgemeinen. Andere allerdings strahlen eine fast philosophische Ruhe und Gelassenheit aus.

Unser Leben ist in vielerlei Hinsicht mit einer Taxifahrt vergleichbar. Es ist meist viel zu viel los. Wir haben es eilig, von A nach B zu kommen. Die anderen behindern uns, und die Ampeln stehen genau dann auf Rot, wenn wir es besonders eilig haben.

Eine Stolperfalle für positive Glaubenssätze besteht im Vergleichen. Wir neigen dazu, zur Bewertung unserer Lebensqualität und Glücks den Vergleich mit anderen zu ziehen. Fatalerweise vergleichen wir uns dann oft mit Menschen, denen es – nach unserer Empfindung – besser geht.

Dieser unsinnige Vergleich wird durch die allgegenwärtige Werbung zusätzlich verstärkt. Hier erleben wir nicht selten Menschen, die jung, gut aussehend, finanziell erfolgreich sind. Hier hält man uns einen Maßstab vor Augen, an dem die meisten von uns scheitern müssen.

Auch wenn wir im Happiness-Index nur im Mittelfeld liegen, haben wir genug Gründe, für unser Leben dankbar zu sein und uns an den schönen Dingen, die wir im Unterschied zu anderen Menschen genießen können, zu erfreuen (z. B. Frieden, Sicherheit, Solidarität).

Falls Sie, ganz natürlicherweise, in eine Situation geraten, in der Ihnen das positive Denken gerade schwerfällt, empfehle ich Ihnen noch eine andere Strategie: die Anti-Ärger-Strategie.

Die Anti-Ärger-Strategie

Sie funktioniert über drei Fragen, die Sie sich in der Situation vor Augen führen. Beantworten Sie eine der Fragen mit „Nein", so führt dies automatisch zum Ausstieg aus dem Ärgerkreislauf. Ein „Ja" leitet Sie direkt zur nächsten Frage. Hier die drei Fragen:

1. Bin ich im Recht?

   Ja   Nein ———⟶

   ↓

2. Ist es mir die Sache wert?

   Ja   Nein ———⟶

   ↓

3. Wie kann ich sinnvoll auf die Situation reagieren?

✎ _____

_____

_____

_____

_____

_____

_____

_____

(An dieser Stelle besteht die in der Einleitung angesprochene Gelegenheit, Co-Autor dieses Buches zu werden. Formulieren Sie Ihre eigenen Gedanken zu dem angesprochenen Thema!)

Rastlosigkeit – Präsenz

Nun schaut der Geist nicht vorwärts, nicht zurück,
*die Gegenwart allein – ist unser **Glück**.*

Johann Wolfgang von Goethe

Die Komplexität unseres Lebens stellt eine große Herausforderung dar. Kaum haben wir ein „Thema" erledigt, warten schon hundert (gefühlt tausend) andere auf Bearbeitung. Und während wir uns der nächsten Aufgabe widmen, schwirren die anderen mehr oder weniger in unserem Kopf herum. Dieses Gedankengewusel verstärkt sich, wenn wir einmal fünf Minuten Zeit zum „Ausruhen" haben. Während der Körper sich eine kurze Pause gönnt, arbeitet der Kopf umso stärker.

Eine Klientin von mir hat dies einmal die Waschmaschine im Kopf genannt. Die Wäsche, die sich darin dreht, sind die unerledigten Aufgaben. Oft gesellt sich zu der Waschmaschine im Kopf noch das Gefühl des schlechten Gewissens. „Eigentlich können wir uns gar keine Pause gönnen, denn es gibt ja noch so viel zu tun." So trägt die Pause letztendlich zu einer weiteren negativen Energiebilanz bei.

Das Problem: Wir machen nicht wirklich Pausen, denn die

Wir machen nicht wirklich Pausen.

Waschmaschine im Kopf dreht sich weiter. Der Körper hält inne, aber der Geist „wäscht schmutzige Wäsche".

Die Situation, dass Körper und Geist nicht das Gleiche tun, ist bezeichnend für unseren Alltag. Wir sitzen im Büro und wünschen uns, an einem Strand in der Karibik zu liegen. Wir sitzen vor dem Fernseher und schauen Fußball und telefonieren gleichzeitig mit unserem Partner …

Ich möchte nicht darüber diskutieren, welches Geschlecht solche dualen Situationen besser oder schlechter meistert. Eines steht fest: Für unsere Energie und unsere Ausstrahlung ist eine solche Anhäufung verschiedener Situationen nicht förderlich. Außerdem schaffen Sie sich gleich zwei Probleme, wenn Sie im Büro an die Karibik denken. Denn zum einen: Sie sind nicht wirklich in der Karibik. Zum zweiten: Sie sind auch nicht wirklich bei Ihrer Aufgabe.

Der nächste nicht zu unterschätzende Punkt: Ihre Mitmenschen merken, ob Sie im Gespräch mit Ihrer Aufmerksamkeit tatsächlich bei ihnen oder beim Fußballspiel sind. Ausstrahlung und Wirkung hat folglich damit zu tun, sich vollkommen in der gegenwärtigen Situation zu befinden. Möglichst mit allen Sinnen.

Wie schwer es uns fällt, uns wirklich auf eine einzige Sache zu konzentrieren, können Sie mit einer kleinen Übung feststellen. Schließen Sie dafür die Augen und versuchen Sie, ganz langsam von eins bis zehn und wieder zurück zu zählen, ohne dass abschweifende Gedanken in jeglicher Form auftreten.

Der Satz „Du kannst ja nicht einmal bis zehn zählen" bekommt durch diese Übung eine völlig neue Bedeutung. Sie ist eine wichtige Meditationsaufgabe, die den Geist trainiert, sich auf eine Sache zu konzentrieren.

Präsent sein bedeutet genau dies. Meine kleine Tochter ist diesbezüglich ein sehr guter Feedbackgeber; und das war sie bereits mit wenigen Monaten. Wenn ich mit ihr spiele, spiegelt sie sehr deutlich, ob ich nur als Alibi ein paar Bauklötze hin und her schiebe und gedanklich gerade mit etwas anderem beschäftigt bin, oder ob ich mich wirklich voll und ganz auf das Spiel mit ihr einlasse.

Kinder besitzen eine wesentlich höhere Präsenz als Erwachsene. Sie sind zu 100 Prozent bei der Sache. Wenn sie spielen, dann spielen sie mit voller Hingabe. Mit zunehmendem Alter verliert sich meist diese Präsenz. Dies hängt auch mit der zunehmenden Komplexität unseres Lebens zusammen.

Eine andere Wirkung von Nicht-präsent-Sein wird für mich im Thema Partnerschaft sehr deutlich. Es fällt mir auf, dass Partner, deren Beziehung gerade in einer Krise steckt, sich entweder stark in der Vergangenheit oder in der Zukunft bewegen. Der Gedanke an die Vergangenheit führt hierbei oft zu Vorhaltungen. „Du hast damals …" oder: „Früher warst du ganz anders …" Das Fokussieren der Zukunft dagegen führt nicht selten zu Erwartungen und damit zu einem Anspruch an den Partner, der wiederum nicht selten enttäuscht wird.

Präsent sein bedeutet, sich mit allen Sinnen in der Gegenwart zu befinden und alle anderen Dinge loszulassen.

(An dieser Stelle besteht die in der Einleitung angesprochene Gelegenheit, Co-Autor dieses Buches zu werden. Formulieren Sie Ihre eigenen Gedanken zu dem angesprochenen Thema!)

Prestige – Sinnhaftigkeit

*Der **Glaube** ist für das Vorankommen des Menschen
so unumgänglich nötig
wie die Zugvorrichtung für den Wagen.*　　　Konfuzius

Wir haben unseren Glauben verloren. Und das ist nicht erstaunlich, denn nichts wurde und wird so missbraucht, um uns zu manipulieren, wie der Glaube. Aus dieser enttäuschenden Erfahrung entwickelten wir die Erkenntnis, dass wir unsere Freiheit vergrößern, wenn wir uns vom Glauben abwenden.

So ganz stimmt dies jedoch nicht. Wir haben den Glauben nur ausgetauscht. Wir glauben jetzt an andere Dinge, die uns zum Glück führen sollen, und beten andere „Götzen" an. Und über diesen neuen Glauben sind wir erneut in Abhängigkeit geraten und werden mindestens im gleichen Maß manipuliert und ausgenutzt.

Auf welchen Überzeugungen bauen Ihre Glaubenssätze auf? Überprüfen Sie, ob Ihnen Ihr Glaube positive Energie bereitstellt!

Auf welchen Überzeugungen bauen Ihre Glaubenssätze auf?

Es besteht ein Zusammenhang zwischen Glaube und Glück. Mit diesem Glauben ist nicht zwingend ein religiöser Glaube gemeint.

Der Begriff ist vielmehr übergeordnet zu sehen. Menschen, die eine Überzeugung haben, die sie in ihrem Leben begleitet, sind glücklicher als Menschen ohne dieses Leitbild. (Übrigens ist der Heiligenschein, der auf vielen religiös motivierten Bildern zu erkennen ist, nichts anderes als die sichtbare erhöhte Ausstrahlung eines Menschen.) Bei diesem „Leitfaden durchs Leben" kann es sich um einen individuellen, persönlichen oder einen gemeinschaftlichen handeln. Entscheidend jedoch ist eines: Dieser Leitfaden sollte durch positive Glaubenssätze bestimmt sein. Ein von Hass, Angst, Intoleranz oder Gewalt beherrschter Glauben wird langfristig nicht der Leitfaden zum Glück bedeuten.

Sinn ist nichts, über das man stolpert, so wie die Antwort auf ein Rätsel oder der Preis bei einer Schnitzeljagd. Sinn ist etwas, das man selbst im Zentrum seines Lebens aufbaut. Man erbaut es aus seiner Vergangenheit, aus seiner Zuneigung und Loyalität, aus den Erfahrungen der Menschheit, die man ererbt hat, aus seinen eigenen Gaben und seinem Verstand, aus all dem, woran man glaubt, aus den Dingen und Menschen, die man liebt, aus den Werten, für die man etwas aufzugeben bereit ist. Alle Zutaten sind vorhanden. Doch du bist der einzige Mensch, der sie zusammenfügen kann zu dem Muster, das dein Leben ist. Trage Sorge, dass es ein Leben ist, das Würde und Sinn für dich hat. Wenn das gelingt, dann fällt der Ausschlag des Pendels nach Erfolg und Misserfolg kaum mehr ins Gewicht. *John Gardner*

✎ _____

_____

_____

_____

_____

_____

_____

_____

_____

_____

_____

(An dieser Stelle besteht die in der Einleitung angesprochene Gelegenheit, Co-Autor dieses Buches zu werden. Formulieren Sie Ihre eigenen Gedanken zu dem angesprochenen Thema!)

Der individuelle Trainingsplan

Sie haben nun viel über die Entstehung und die Vernichtung menschlicher Energie und damit persönlicher Ausstrahlung gelesen. Im fünften Teil dieses Buches geht es nun darum, die erworbenen Erkenntnisse in einen persönlichen Trainingsplan einfließen zu lassen, mit dem Sie garantiert Ihre eigene Ausstrahlung um ein Vielfaches steigern werden.

Vier Persönlichkeitstypen

In Coachingmaßnahmen habe ich die Möglichkeit, mich intensiv mit dem einzelnen Menschen zu befassen und einen individuellen Maßnahmenplan mit ihm zu kreieren. Damit dieser Effekt auch in diesem Buch zum Tragen kommt, biete ich Ihnen an, Ihren Trainingsplan an Ihrer speziellen Persönlichkeit auszurichten. Denn jeder der im folgenden Modell angebotenen vier Persönlichkeitstypen besitzt seine besonderen Energiegeber und Energieräuber. Sowohl Motive wie auch Blockaden unterscheiden sich teilweise erheblich.

Die Selbsterkenntnis über die Zugehörigkeit in diesem Modell hilft Ihnen, wichtige und weniger wichtige Aufgaben und Übungen zur Entwicklung Ihrer Ausstrahlung zu unterscheiden.

Vorweg ein paar Anmerkungen zu diesem Modell:

1. Das Modell ist wertneutral. Es differenziert nicht in „erfolgreich" oder „erfolglos" beziehungsweise „richtig" oder „falsch". Es stellt die Verschiedenheit von Menschen in den Vordergrund, ohne diese Verschiedenheit zu werten. Tatsächlich ist Erfolg oder Glück in diesem Entwurf an jeder Stelle gleich stark platziert.

2. Die meisten von uns werden sich nicht nur in einem der vier Felder wiederfinden. In der Realität setzt sich unsere Persönlichkeit aus verschiedenen der angesprochenen Typen zusammen. Gleichermaßen wird jeder von uns eine gewisse Tendenz in den beschriebenen Motiven und Verhaltensweisen aufzeigen. Einige dieser Verhaltensweisen sind von uns leicht zu entwickeln, andere treten seltener auf und kosten uns mehr Energie.

3. Ein Modell wird nie in der Lage sein, die Komplexität des Menschen in all seinen Facetten abzubilden. Es kann sich daher nur um ein Hilfsmittel handeln, sich selbst und andere besser zu verstehen und so ein höheres Bewusstsein für sich und andere zu entwickeln; nach meinen Erfahrungen ein sehr gutes Hilfsmittel.

Auf den folgenden Seiten werde ich Ihnen das Modell vorstellen und erläutern. Das Ziel besteht zuerst einmal darin, dass Sie sich selbst in dem Schema platzieren und Ihr Persönlichkeitsprofil erkennen können.

Die Differenzierung des Persönlichkeitsprofils wird über zwei polarisierende Achsen definiert. Die vertikale Achse unterscheidet, ob jemand eher rational (sachbezogen, kognitiv) oder emotional (menschenbezogen, gefühlsbetont) geprägt ist; die horizontale, ob jemand eher zu introvertiertem (abwägendem) oder extrovertiertem (impulsivem) Verhalten neigt.

Aus den verschiedenen Kombinationsmöglichkeiten dieser vier Pole ergeben sich vier grundlegende Persönlichkeitstypen. Die Kombination aus rational und impulsiv wird hier mit Dominance (D) bezeichnet, die Kombination aus emotional und impulsiv ergibt Influence (I) als Überschrift, emotional und abwägend Submission (S) und rational und abwägend Compliance (Compliance with rules; C). Um jede dieser Überschriften sind die jeweiligen Leitmotive gruppiert. Lesen Sie nun langsam diese insgesamt sechzehn Leitmotive. Bewerten Sie nach jedem Feld, wie attraktiv diese Begriffe für Sie sind. Welche dieser Motivgruppen löst bei Ihnen eine positive (+), neutrale (0) oder negative (–) Assoziation aus?

Auf den folgenden Seiten werden Ihnen die vier Grundtypen noch näher beschrieben. Versuchen Sie, Ihre Position in diesem Modell zu finden.

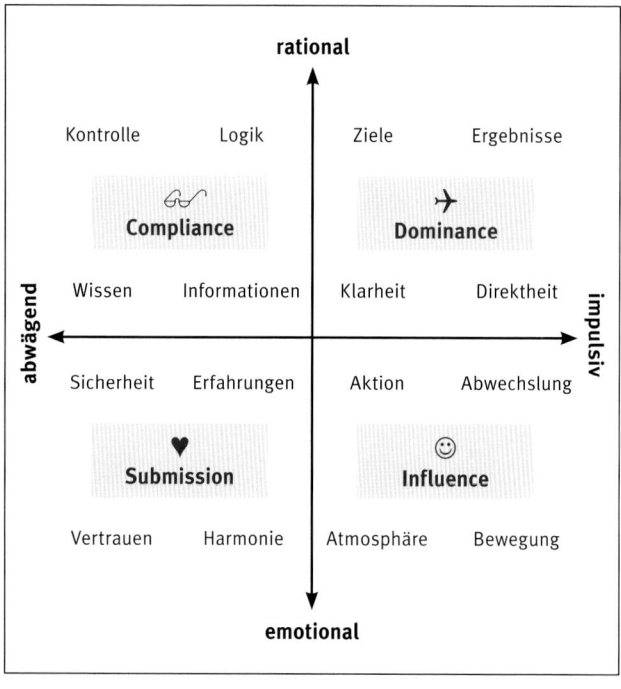

Abbildung 6: Die vier Persönlichkeitstypen

D-Typen

Verhaltensweisen	
Pro	**Contra**
entschlossen	grob, hart
fest	unter Druck setzend
erzielt Ergebnisse	verärgerter Verlierer
schnell	egoistisch
trägt Risiken	kann selbst ein Risiko sein
	unter Druck: Mangel an Sorgfalt und Achtsamkeit
	Angst: Verlust von Effizienz

Beispiele für D-Typen:
Oliver Kahn, Hillary Clinton, Madonna.

I-Typen

Verhaltensweisen	
Pro	**Contra**
enthusiastisch	zu intuitiv
aktiv	leicht erregbar
Beziehungsfachmann	„Schmetterling"
schneller Starter	zu viele Eisen im Feuer
	unter Druck: schlecht organisiert
	Angst: soziale Zurückweisung

Beispiele für I-Typen:
Thomas Gottschalk, Will Smith, Sepp Maier.

S-Typen

Verhaltensweisen	
Pro	**Contra**
angenehm, nett	langsam
gewinnt Vertrauen	klebt an Bewährtem
sucht Kompromisse	Jasager
Familie und Freunde sind wichtig	gibt nach bzw. auf
	unter Druck: zu bereitwillig
	Angst: Verlust der Stabilität

Beispiele für S-Typen:
Manfred Stolpe, Johannes B. Kerner, Papst Benedikt XVI.

C-Typen

Verhaltensweisen	
Pro	**Contra**
gründlich	langsam
hartnäckig	sieht den Wald vor lauter Bäumen nicht
sachlich	unnahbar
Tatsachen sind wichtig	„Fachidiot"
	unter Druck: allzu kritisch
	Angst: Kritik an der Arbeit

Beispiele für C-Typen:
Hans Eichel, Mr. Spock,
Jack Nicholson in „Besser geht's nicht".

Ist Ihnen eine Zuordnung gelungen? Evtl. können Sie eine persönliche Gewichtung in Form einer Reihenfolge dieser Grundtypen vornehmen. Bei mir lautet die Reihenfolge:

- 1. Priorität: I
- 2. Priorität: C
- 3. Priorität: S
- 4. Priorität: D

Woher beziehen die unterschiedlichen Profile Ihre Energie, und was blockiert sie in dem Energiefluss?

Der **D-Typ** bezieht seine Energie aus den gesteckten Zielen. Die Erreichung dieser Ziele motiviert ihn. Der Energiefluss wird in erster Linie durch das Fehlen von Achtsamkeit und Entschleunigung gestört.

Beim **I-Typ** lässt sich erkennen, dass sich die hohe intrinsische Motivation auf der Freude an Bewegung an sich begründet. Stillstand ist für diesen Persönlichkeitstyp ein Graus. Ein weiterer Antrieb entsteht aus dem Wunsch, bei jedem Menschen als sympathisch anzukommen. Die Abhängigkeit von der Energie anderer und ein mangelndes Selbstbewusstsein können den Energiefluss behindern.

Das Leitmotiv Sicherheit liefert dem **S-Typ** Energie. Schnelle Veränderungen können zu Irritationen führen. Der größte Energieblockierer ist der Zweifel: Zweifel an sich selbst, den getroffenen Entscheidungen oder der Umsetzung positiver Glaubenssätze.

Dem **C-Typ** liefert das Motiv Kontrolle und Verstehen die meiste Energie. Der Hang zum Perfektionismus führt nicht selten zu einer Anspannung, die Ausstrahlung verhindert. In den Bereichen „Positive Glaubenssätze" und „Sinnhaftigkeit" liegen potenzielle Energieoptimierer.

✎ _____

_____

_____

_____

_____

_____

_____

_____

_____

(An dieser Stelle besteht die in der Einleitung angesprochene Gelegenheit, Co-Autor dieses Buches zu werden. Formulieren Sie Ihre eigenen Gedanken zu dem angesprochenen Thema!)

Trainingsbereiche und Übungen

Bei den anschließenden Trainingsbereichen und Übungen werden immer wieder Symbole auftauchen. Hinsichtlich ihrer Gestaltung (Flugzeug, Brille, Smiley, Herz) verweisen sie auf die vier Typen. Bei den Trainingsbereichen signalisiert die Anzahl der Symbole (maximal fünf) die Bedeutung für das jeweilige Persönlichkeitsprofil. Bei den Übungen markiert das entsprechende Symbol, für welchen Persönlichkeitstyp diese Übung besonders empfehlenswert ist.

Bewusst-sein

Übung 1: „Endliches Leben"

Stellen Sie sich vor, Sie hätten soeben erfahren, dass Sie noch ein Jahr zu leben haben.

- Was würden Sie verändern?
- Was würden Sie loslassen?
- Wofür würden Sie die Zeit investieren?

Übung 2: „Wertehierarchie"

Abgeleitet aus der vorangegangenen Überlegung: Wie sieht Ihre Wertehierarchie aus? Bilden Sie eine Reihenfolge der wichtigen Dinge.

Übung 3: „Innerer Zustand"

Richten Sie Ihre Aufmerksamkeit nach innen. Beobachten Sie Ihren inneren Zustand.

- Bin ich in einer positiven oder negativen emotionalen Stimmung?
- Leiten mich im Moment positive oder negative Glaubenssätze?
- Wenn ich gerade den Tempel der tausend Spiegel betreten würde, wem würde ich begegnen?
- In welches Feuer werfe ich gerade meine Holzscheite?
- Welche Gründe existieren im Moment, glücklich zu sein?

Bauen Sie diese Übung fest in Ihren Alltag ein, z. B. auf dem Weg zur Arbeit.

Übung 4: „Energieverzehrer und -geber"

Identifizieren Sie Ihre Energieräuber und den Umgang mit ihnen. (Hilfe bietet Ihnen zum Beispiel der Test „Energieräuber Stress und Ärger" im zweiten Teil.)

- Welche Energieräuber lasse ich einfach los?
- Bei welchen Themen lohnt es sich, an Lösungen zu arbeiten?

Werden Sie sich Ihrer Energiegeber bewusst und erfreuen Sie sich an ihnen.

Meine Energietankstellen sind: …

Übung 5: „Selbstbewusstsein" ♥

Machen Sie sich mit den Antworten auf die folgenden Fragen bewusst, dass Sie ein liebenswerter Mensch sind:

- Welche Gründe gibt es, stolz auf mich zu sein?
- Ich bin liebenswert, weil …

Erinnern Sie sich an eine Situation, in der Sie großes Selbstvertrauen gespürt haben. Rufen Sie sich diese Situation immer wieder in Ihr Gedächtnis.

Achtsamkeit

Übung 1: „Achtsam atmen"

Nehmen Sie wahr, wie Sie einatmen und wieder ausatmen, während die Gedanken einfach vorüberfließen. Ertappen Sie sich dabei, wie Sie gerade den nächsten Einkauf planen oder überlegen, was Sie noch alles zu tun haben, dann kehren Sie mit Ihrer Aufmerksamkeit wieder zu Ihrem

Atem zurück. Immer, wenn die Aufmerksamkeit wieder abschweift, nehmen Sie sie sanft zurück. Lassen Sie alles da sein, was gerade auftaucht, ob das ein Gefühl, ein Gedanke oder ein Geräusch ist, ohne die Aufmerksamkeit von Ihrem Atem zu nehmen. Passiert es doch, so kehren Sie einfach wieder entspannt zurück.

(Anstelle der Konzentration auf die Atmung können Sie die Übung auch mit dem langsamen Zählen von 1 bis 10 und zurück verbinden.)

Übung 2: „Achtsame Pausen"　　　　　✈ ☺

Lenken Sie Ihre Aufmerksamkeit in den Arbeitspausen bewusst auf Ihre fünf Sinne.

- Was sehe ich?
- Was höre ich?
- Was rieche ich?
- Was fühle (taste) ich?
- Was schmecke ich?

Übung 3: „Meditation und Entspannung"　✈ ☺ ♥ 〰

Grundsätzlich schulen alle Entspannungs- und Meditationstechniken unsere Achtsamkeit. Nehmen Sie sich an Ihrem nächsten freien Tag die Zeit, um sich Ihre Lieblingstechnik herauszusuchen und machen Sie sie zur täglichen Routine. Für den D-Typ und den I-Typ empfehle ich vor diesen Übungen sportliche Aktivitäten.

Positive Glaubenssätze

Übung 1: „Positive Zielerreichung"

Welches Ziel möchten Sie gerne in Ihrem Leben erreichen?
Wählen Sie eines Ihrer wichtigsten Ziele aus, machen Sie es
sich bequem und stellen Sie sich vor, wie Sie dieses bereits
erreicht haben. Wie fühlen Sie sich in diesem Moment?
Was ist anders in Ihrem Umfeld, zu Ihren Kollegen, Ihrer
Familie? Malen Sie sich den für Sie bestmöglichen Ausgang
täglich aus, und haben Sie richtig Spaß daran, Ihre Phantasie spielen zu lassen.

Übung 2: „Sichtbarmachung"

Sollten Sie feststellen, dass Ihr Leben durch negative Glaubenssätze bestimmt wird, schreiben Sie diese auf. Zerreißen
oder verbrennen Sie diese Zettel und ersetzen Sie sie mit
positiven Glaubenssätzen, die Sie ebenfalls aufschreiben.

Übung 3: „Liebenswerte Mitmenschen"

Wählen Sie Menschen aus Ihrem persönlichen Umfeld
aus, bei denen die Chemie nach Ihrer Einschätzung nicht
so ganz stimmt. Notieren Sie, welche Eigenschaften oder

Kompetenzen diese Menschen haben, die Sie an diesen Menschen wertschätzen.

Übung 4: „Glücklich vergeben"

Machen Sie eine Liste mit Menschen, denen Sie etwas nachtragen oder die Ihnen Unrecht getan haben. Das wird wahrscheinlich vor allem bei jenen der Fall sein, denen Sie ein unbehagliches Gefühl bis hin zu Ärger, Wut oder Hass entgegenbringen. Dann schreiben Sie auch alle Dinge auf, für die Sie sich über sich selbst ärgern. Vielleicht weil Sie hier oder dort einen Fehler gemacht haben, weil Sie falsch gehandelt oder eine bestimmte Entscheidung getroffen oder nicht getroffen haben oder weil Sie wegen einer Ihrer Taten mit sich nicht im Reinen sind. Dann stellen Sie sich Punkt für Punkt der Liste vor Ihrem inneren Auge vor. Verzeihen Sie den anderen Personen das, was sie getan haben, indem Sie sich den Akt der Verzeihung vorstellen. Das könnte zum Beispiel in Form einer großmütigen Geste sein oder indem Sie sich vorstellen, wie Sie es ihnen sagen. Machen Sie dasselbe mit den Punkten, die Sie selbst betreffen. Der nächste Schritt ist nun, das in der Realität praktisch zu vollziehen.

Übung 5: „Loben"

Wie häufig sprechen Sie Lob oder Kritik aus? Wann haben Sie zum letzten Mal Ihren Partner, Chef, Mitarbeiter usw. gelobt? Gewöhnen Sie sich an, nicht nur das wahrzunehmen, was nicht nach Ihren Vorstellungen läuft, sondern auch das Positive um Sie herum.

Ausdrucksstarke Körpersprache

Übung 1: „Bewusste Körpersprache"

Verstärken Sie Ihre Ausstrahlung durch eine beeindruckende Mimik und Gestik. Der erste Schritt besteht in der bewussteren Körperwahrnehmung.

Erleben Sie bewusst, ob Ihr Körper liegt, steht oder sitzt. Nehmen Sie die Veränderungen wahr, die sich bei Bewegungen vollziehen. Spüren Sie insbesondere Verspannungen im Gesicht oder im Schulterbereich, und lassen Sie diese los.

Übung 2: „Bewegung in Zeitlupe"

Die sogenannte Gehmeditation besitzt in der östlichen Welt einen hohen Stellenwert. Da sie Aufsehen erregen könnte, führen Sie sie besser nur durch, wenn Sie alleine sind.

Führen Sie die Gehbewegung in stark verlangsamter Zeitlupe durch, je langsamer, desto besser. Achten Sie nun auf die Bewegung und die damit verbundenen Veränderungen von Anspannung und Entspannung, auf die Berührung mit dem Untergrund und die Verteilung des Drucks. Idealerweise wird diese Übung barfuß durchgeführt.

Sie können dieses „Bewegen in Zeitlupe" natürlich auf jede andere Bewegung übertragen (Essen, sportliche Bewegungen, am Laptop schreiben usw.).

Übung 3 „Schauspielern"

Erfolgreiche Schauspieler beherrschen ihre Körpersprache bis in die feinste Mimik. Trainieren Sie insbesondere Ihre Mimik. Versetzen Sie sich in verschiedene Gemütsvorstellungen und stellen Sie diese dar. Dabei geht es nicht in erster Linie um die extremen Gefühle wie Wut oder ausgelassene Freude, sondern vielmehr um die feinen Emotionen, wie Enttäuschung, Zufriedenheit, Gelassenheit und Wohlfühlen.

Unabhängige Energien

Wir neigen zunehmend dazu, unser schwaches Energieniveau dadurch aufzufüllen, dass wir die Energie von anderen rauben.

Der **D-Typ** neigt dabei dazu, sein Umfeld durch dominantes Verhalten zu unterdrücken und ihm so Energie abzusaugen. Er ist in seiner Meinung sehr polarisierend.

Der **I-Typ** betreibt großen Aufwand, um von anderen Menschen Energie in Form von Sympathie zu erhalten. Bekommt er dies nicht, ist die Folge oft Energiearmut.

Der **S-Typ** benutzt sehr gerne die Strategie des armen Ichs. Er entzieht anderen Menschen Energie, indem er an ihre Fürsorge appelliert.

Der **C-Typ** wendet gerne die Strategie des Vernehmungsbeamten an. Mit kritischen Fragen bringt er sein Umfeld in Verlegenheit. Er spiegelt durch sein Wissen die Unwissenheit seiner Mitmenschen und entzieht ihnen so Energie.

Mein Tipp: Falls Sie diese Verhaltensweisen an sich beobachten – lassen Sie sie los! Benutzen Sie nicht andere Menschen als Energiequellen. Sie besitzen eine unendliche Menge davon. Finden Sie Ihren unabhängigen Weg zu dieser Energiequelle und gelangen Sie so zu der magischen Ausstrahlung, der sich niemand entziehen kann.

Den Wirkungsgrad der Ausstrahlung (noch mehr) erhöhen

Die Objektivität der Wahrnehmung

Es gibt wenig Dinge, die nicht zwei Seiten haben.
Vorurteile verdunkeln oft die Augen,
selbst des klügern Mannes und es ist schwer,
sich gänzlich an eines anderen Stelle zu denken.

Adolph Freiherr von Knigge

„Tut mir Leid", antwortete der Verkäufer, „bei uns ist heute sehr viel los. Ich habe gerade einen wichtigen Kunden. Wir haben dahinten eine Sitzecke eingerichtet, in der Sie auch ein paar Broschüren finden. Kommt Ihr Mann noch dazu, oder sind Sie allein?"

Zugegebenerweise entspricht Nadjas Aussehen nicht unbedingt dem Bild, das uns vor allem durch die Werbung von einer erfolgreichen Karrierefrau vermittelt wird. Sie ist nicht ganz so schlank, groß und langbeinig. Ihre Attraktivität bezieht sie aus ihrer freundlichen Ausstrahlung, der Wärme, die sie vermittelt. Ganz im Gegensatz zu den immer cool wirkenden Models aus der Werbung besitzt sie eine sehr offene Art. Mit dieser Art hatte sie es zur Außendienstleiterin eines mittelgroßen Unternehmens gebracht. Eine Position, auf die sie mit ihren 35 Jahren zu Recht stolz war.

Da es sich um eine beträchtliche Investition (acht Fahrzeuge für ihre Außendienstmitarbeiter) handelte, hatte Nadja beschlossen, sich persönlich vor Ort zu informieren. Sie hatte sich einen Tag Zeit dafür eingeräumt. Da das Autohaus, für das sie sich als Erstes entschieden hatte, in der Nähe ihrer Wohnung lag, war sie gar nicht erst ins Büro gefahren, wodurch ihre Kleidung etwas legerer als sonst ausfiel. Um das Prestige des Unternehmens, für das sie arbeitete, zu unterstreichen, hatte sie sich für ein Autohaus entschieden, das zu den exklusiveren Adressen zählte. Jetzt stand sie in dem Ausstellungsraum und wartete darauf, angesprochen zu werden.

Nach beinahe zehn Minuten hielt sie einen vorbeieilenden Mann an, den sie richtigerweise für einen Verkäufer hielt. Die Reaktion des Verkäufers kam für sie nicht ganz überraschend. Die Erfahrung, von anderen unterschätzt zu werden, erlebte sie nicht zum ersten Mal. Wenn sie Bewerber für eine Außendienststelle im Büro begrüßte, wurde sie nicht selten für die Sekretärin gehalten. Mittlerweile machte sie sich diesen Eindruck zu Nutze, indem sie den Bewerbern Kaffee und Gebäck anbot und sich dann in Ruhe einen Eindruck von dem menschlichen Umgang des Bewerbers verschaffen konnte.

Der Autoverkäufer war froh, sich etwas Zeit verschafft zu haben. „Da ist wieder so eine Hausfrau, die sich zu Hause langweilt und sich die Zeit mit einer Probefahrt vertreiben will", dachte er. Als er sie nach 20 Minuten nicht mehr in der Sitzecke antraf, fühlte er sich in seiner Ansicht bestätigt: „Hab ich doch gewusst, dass die gar kein ernsthaftes Interesse an einem Fahrzeug hat."

Das Transportmittel für unsere Ausstrahlung auf andere ist die Kommunikation. Der Kommunikationsprozess besteht aus einem ständigen Wechsel von Wahrnehmung und Aussendung von Signalen und Reizen. Da der Austausch von Gedanken nicht direkt übertragen wird, müssen wir diese erst unter anderem in Worte ver-

Kompetenz der objektiven Wahrnehmung

schlüsseln. Diese verschlüsselten Botschaften werden von dem Empfänger dann dechiffriert und in eigenen Gedanken geformt. Im besten Fall sind der Ausgangsgedanke des Abschickenden und der geformte Gedanke des Annehmenden identisch. Eine hundertprozentige Übereinstimmung der beiden Gedanken können wir dabei jedoch ausschließen. Denn selbst wenn unser Entschlüsselungssystem, zum Beispiel in der Sprache, grundsätzlich übereinstimmt, ergeben sich durch die individuelle Interpretation zum Teil erhebliche Unterschiede. Der Begriff „ein schönes Haus" wird zwar von jedem von uns verstanden, jedoch würde jeder von uns, wenn er ein schönes Haus beschreiben oder skizzieren würde, ein anderes Haus beschreiben. Keines der beschriebenen Häuser wäre in Lage, Aussehen, Ausstattung, Größe und Farbe mit einem anderen genau identisch. Die Wirkung und Ausstrahlung, die wir erzielen, hängt auch von der Effektivität dieses Gedankenaustausches und damit von der richtigen Ver- und Entschlüsselung ab. Mit dem folgenden Test können Sie Ihre Kompetenz der objektiven Wahrnehmung überprüfen:

Lesen Sie den nachfolgenden Text in Ruhe und konzentriert durch. Decken Sie ihn dann mit einem Blatt Papier ab und bewerten Sie die zu dem Text gestellten Aussagen aus dem Gedächtnis wie folgt:

R = Die Aussage ist zutreffend.

F = Die Aussage ist nicht zutreffend, also falsch.

? = Die Richtigkeit der Aussage ist aufgrund der Informationen nicht eindeutig feststellbar.

Der Text: Ein Vorgesetzter hatte einen Mitarbeiter nicht zur Gehaltserhöhung vorgeschlagen. Der Mitarbeiter reichte seine Kündigung ein. Das wurde von den Kollegen bedauert, denn er war allgemein beliebt. Es wurde darüber diskutiert, ob man etwas unternehmen solle.

Bewerten Sie nun die folgenden Aussagen:

1. Der Mitarbeiter hatte keine Gehaltserhöhung bekommen.
2. Der Mitarbeiter war darüber verärgert und kündigte.
3. Der Kündigungsgrund war die nicht gewährte Gehaltserhöhung.
4. Der Vorgesetzte hatte zwar die Gehaltserhöhung vorgeschlagen, sie war aber abgelehnt worden.
5. Der Weggang des Mitarbeiters wurde von den Kollegen bedauert.
6. Die Kollegen diskutierten, ob man etwas unternehmen solle.
7. Die Kollegen unterhielten sich mit dem Mitarbeiter.

8. Der Vorgesetzte war an der Diskussion der Kollegen nicht beteiligt.
9. Es handelte sich um einen erfahrenen und beliebten Mitarbeiter.
10. Der Mitarbeiter war allgemein beliebt, und es wurde darüber diskutiert, ob man etwas unternehmen solle.

Auswertung:

Die erste Aussage ist mit einem „?" korrekt bewertet. Aus dem Text geht hervor, dass der Vorgesetzte den Mitarbeiter nicht für eine Gehaltserhöhung vorgeschlagen hat. Wir können jedoch nicht definitiv ausschließen, dass der Mitarbeiter dennoch (eventuell turnusgemäß) eine solche erhalten hatte.

Die zweite Aussage ist ebenfalls mit einem „?" richtig bewertet. Aus dem Text geht die Gefühlslage des Mitarbeiters nicht hervor. Wir wissen also nicht, ob er verärgert war.

Damit ist die Bewertung für die dritte Aussage ebenfalls ein „?". Der Grund für die Kündigung wird uns in dem Text nicht genannt.

Die vierte Aussage dagegen ist falsch, also mit „F" zu bewerten. „Der Vorgesetzte hatte den Mitarbeiter für die Gehaltserhöhung vorgeschlagen" widerspricht der Aussage im Text.

Aussage fünf sollte wieder mit einem „?" versehen sein. Wir wissen nicht, ob der Mitarbeiter das Unternehmen schon verlassen hat (also weggegangen ist). Uns wurde lediglich mitgeteilt, dass er eine Kündigung eingereicht hat.

Auch bei Aussage sechs ist das „?" die richtige Bewertung. „Es wurde darüber diskutiert" legt nicht eindeutig fest, wer diskutierte. Auch wenn dieser Satz sehr dicht bei „den Kollegen" im vorangegangenen Satz steht, können wir nicht sicher sein, ob es wirklich die Kollegen waren.

Wir haben auch keine eindeutige Information erhalten, ob sich diese Kollegen mit dem Mitarbeiter unterhielten, deshalb auch bei Aussage sieben ein „?".

Ähnlich verhält es sich mit Aussage acht. Ob der Vorgesetzte an der Diskussion beteiligt war, wissen wir nicht. Also „?".

Auch Aussage neun können wir mit einem „?" belegen, da wir zwar eine Information bekommen haben, dass der Mitarbeiter beliebt war, jedoch nicht, ob er erfahren war.

Aussage zehn ist die einzige, die wir mit „R" korrekt bewerten. Der Text unterscheidet sich nur in der Interpunktion, nicht im Inhalt.

Sollten Sie mehr als fünf Aussagen korrekt bewertet haben, dürfen Sie sich zu den genauen Lesern beziehungsweise Zuhörern rechnen. Es bedeutet, dass Sie nicht, oder nicht so häufig, der Versuchung erlegen sind, das Gelesene (Gehörte) zu interpretieren oder zu ergänzen. Wenn jedoch 50 Prozent ein gutes Ergebnis darstellen, können wir ableiten, wie viel Interpretation normalerweise im Spiel ist. Auch hier spielen Erfahrungen und Glaubenssätze eine entscheidende Rolle. Unsere Wahrnehmung funktioniert wie ein riesiges Schubladensystem. Mit unseren Sinnen nehmen wir einen Reiz auf. Mit diesem aufgenommenen Reiz durchkämmen wir unser archiviertes Wissen nach Vergleichbarem, denn in diesen Schubladen sind alle selbst gemachten und übermittelten Erfahrungen abgelegt. Gleichzeitig finden wir in den Schubladen auch Anweisungen für Reaktionen, die sich in einer vergleichbaren Situation bewährt haben. Finden wir also eine passende Schublade (und wir finden nahezu immer eine), bekommen wir auch gleich die passende Reaktion mitgeliefert.

Dieses System ist für uns lebenswichtig. Ohne diese Schubladen müssten wir jede Situation von Grund auf analysieren und bewerten, und dann noch in unserem kompletten Angebot nach der passenden „Antwort" suchen, bevor wir zu einer Reaktion fähig wären. Das würde uns schon in den alltäglichen Dingen so viel Zeit kosten, dass wir selbst hier nicht mehr ins Handeln kämen. Jedoch birgt dieses System auch Gefahren, wenn wir uns zu unkritisch darauf verlassen, wie es in dem Beispiel des Autoverkäufers deutlich wurde. Eine differenzierte, ausgewogene Wahrnehmung liefert uns die Informationen, die wir direkt in Wirkung umsetzen können. Wir Männer hätten zum Beispiel kein Problem, das richtige Geschenk für unsere Partnerin zu finden, wenn wir die vielen über das Jahr verteilten Hinweise achtsamer aufneh-

Das Schubladen-denken ist für uns lebenswichtig.

men würden. Auch erspart uns eine gute Wahrnehmung Sackgassen und Missverständnisse und liefert uns die entscheidenden Argumentations- und Überzeugungsstrategien.

Diese Kompetenz ist trainierbar. Der kontrollierte Dialog trainiert hervorragend die auditive Wahrnehmung. Sie können ihn mit Ihrem Lebenspartner oder einem/r Freund/in durchführen. Schon nach kurzer Zeit erzielen Sie eine spürbare Verbesserung Ihrer Wahrnehmung. Der kontrollierte Dialog funktioniert wie folgt:

Sie wählen mit Ihrem Partner ein Thema aus, zu dem Sie kontroverse Standpunkte vertreten beziehungsweise für diese Übung einnehmen. Das Thema spielt dabei keine Rolle. Einer von beiden beginnt seine Position mit zwei bis drei Argumenten zu belegen. Zum Beispiel: „Ich bin für den Bau der Umgehungsstraße, weil ...“ Im Anschluss wiederholt der Zuhörer diese Argumente. Erst wenn er sie sinngemäß richtig wiedergegeben hat, darf er seine zwei bis drei Gegenargumente anführen: „Ich bin gegen die Umgehungsstraße, weil ...“ Nun wiederholt der andere Übungspartner die genannten Argumente. Hat er sie richtig wiederholt, ist er wieder an der Reihe, seinen Standpunkt zu vertreten. Die Logik der Argumente spielt bei dieser Übung keine Rolle.

Neben der Schulung der eigenen Wahrnehmung ist beim Thema Ausstrahlung die Frage von Bedeutung „Wie werde ich von anderen wahrgenommen?". Wir alle kennen die Dominanz des ersten Eindrucks. Nach aktuellen Erkenntnissen vollzieht sich die Entstehung dieser ersten Bewertung einer Person in Millisekunden. Natürlich spielt auch hier unser Schubladensystem eine entscheidende Rolle. Bei der Festlegung des ersten Eindrucks verlassen wir uns in erster Linie auf äußerliche Wahrnehmungen wie Kleidung, Körperhaltung, Gestik und Mimik. Da dieser Bereich meiner Ausstrahlung (vielleicht ausgenommen der Kleidung) in hohem Maß über mein Unterbewusstsein gesteuert wird, ist es wesentlich schwerer von uns zu kontrollieren als die Sprache. Der Körper lügt nicht, heißt es daher auch. Deshalb achten geschulte Wahrnehmer auch mehr auf die Körpersprache als auf das gesprochene Wort. Sie zeigt uns sehr schnell, ob die Begeisterung echt oder vorgespielt ist. Erinnern Sie sich an den Zusammenhang von Gedanken, Gefühl, Körpersprache und Sprache, wie er im Wirkungskreis dargestellt wurde. Es ist leichter, sich in einen guten (energiereichen) Zustand zu bringen, als die Körpersprache gegen das eigene Gefühl zu steuern. In den ersten Kapiteln haben Sie dazu zahlreiche Informationen zu Energielieferanten und Energieräubern erhalten und wie Sie Ihren Energiehaushalt auf einem erhöhten Niveau halten.

Wer wirken will, muss fühlen können

Eine Menge dieser Vorschriften umfasst die Regel:
Setze dich in Gedanken oft in andrer Leute Stelle
und frage dich selbst: Wie würde es dir unter denselben
Umständen gefallen, wenn man dir dies zumutete,
gegen dich also handelte, von dir das forderte?

Adolph Freiherr von Knigge

Die internationale Sportmesse in München lieferte uns eine gute Gelegenheit für ein Treffen. Als Retail Director des weltweit größten Sportartikelherstellers hatte Klaus die Messe als Kontaktmöglichkeit genutzt. Nun saßen wir kurz vor seiner Rückreise in einem Café, und er erzählte mir von seinem Aufstieg vom Sportlehrer in die Führungsetage des Konzerns, und dies in einem Alter von knapp über vierzig. Es war ein sehr interessanter Lebenslauf, dem ich hier begegnete, mit sehr vielen großen Veränderungen. „Es hat mir einfach Spaß gemacht, Sportartikel zu verkaufen, weil es mir schon immer Spaß gemacht hat, mit Menschen umzugehen", berichtete er mir. „Diese Begeisterung ist der Grund für meinen Erfolg. Das Wichtigste ist für mich auch heute noch, die Menschen, mit denen ich es zu tun habe, wirklich zu kennen. Wenn du einen Menschen kennen lernen willst, solltest du dich für ihn ehrlich interessieren, auch für seine privaten Dinge. Deshalb habe ich mir immer die Zeit genommen, mit meinen Mitarbeitern auch außerhalb der Arbeitszeit Kontakt zu halten. Sei es beim gemeinsamen Joggen oder bei einem Bier in der Gaststätte. Hier erfährst du, wie die Menschen wirklich sind und was sie bewegt. Und Menschen zu bewegen war immer mein Beruf."

Die Denkweise der Menschen zu verstehen, ist die Voraussetzung, auf jeden Menschen eine Wirkung zu erzielen. Das, was Menschen bewegt, ist jedoch individuell verschieden. Neben einem breiten Verhaltensspektrum benötigen wir daher die Kompetenz und Motivation, uns in den anderen hineinzuversetzen. Im Laufe der Zeit schränkt sich unser Verhaltensmuster immer mehr ein. Wir entwickeln unsere eigene Taktik, andere Menschen zu beeindrucken. Diese Taktik entwickelt sich aus unseren Erfolgs- und Misserfolgserlebnissen. Obgleich unsere Werkzeugkiste ein großes Sortiment an Werkzeugen anbietet, greifen wir für unseren Erfolg doch zunehmend zu dem gleichen Instrument. Dieses Werkzeug ist uns vertraut, und wir können damit gut hantieren, obwohl in der einen oder anderen Situation ein anderes Werkzeug viel besser geeignet wäre.

Wer Menschen bewegen will, muss sich für sie interessieren.

Dieses Phänomen führt dazu, dass wir mit einer Sorte Mensch sehr erfolgreich umgehen, während uns andere Menschen in ihrer Art gar nicht liegen und wir mit diesen immer wieder Schiffbruch erleiden. Es liegt auf der Hand, dass uns dies in unserer erfolgreichen Wirkung sehr stark beschränkt.

Dabei gibt es eine einfache Grundregel: Eine positiv wahr-genommene Ausstrahlung entsteht in erster Linie nicht durch Agieren, sondern durch das Zeigen von Interesse und Wertschätzung. Weniger Aktion ist hier sicher mehr.

Genauso einleuchtend dürfte eine weitere Grundregel für Wirkung sein. Sprich nicht über deinen Nutzen, sondern über den deines Kommunikationspartners. Dafür ein einfaches Beispiel in Form eines Heiratsantrages:

„Also weißt du, wenn wir verheiratet wären, dann wäre das eine tolle Sache. Wie du ja weißt, bin ich durch meinen Beruf sehr viel unterwegs und übernachte oft in Hotels. So gut das Hotelessen auch sein mag; ich liebe Hausmanns-kost. Wenn wir verheiratet wären, könntest du an den Tagen, an denen ich zu Hause bin, für mich kochen, das wäre doch toll. Ja, und dadurch, dass ich so viel unterwegs bin, kann ich nicht immer alle Anrufe von Kunden ent-gegennehmen. Wenn wir verheiratet wären, könntest du diese Kontakte übernehmen. Und ach ja, da ist noch etwas. Ich fahre ja sehr häufig zu meinen Kunden mit meinem Fahrzeug. Leider habe ich durch meine Arbeit wenig Zeit, dieses Auto zu putzen, was jedoch für den Eindruck beim Kunden sehr wichtig ist ..."

Ich glaube, es ist besser, ich unterbreche den Text an dieser Stelle. Wie wird Ihrer nach Meinung die Antwort auf diesen Heiratsantrag ausfallen? Wenn Sie glauben, dass so etwas nicht vorkommt, sind Sie wahrscheinlich ein Mann. Fragen Sie einmal Ihre Partnerin oder eine gute Freundin, was sie diesbezüglich schon erlebt hat!

Die gleiche Wirkungsweise entsteht natürlich auch, wenn Sie sich für eine Stelle in einem Unternehmen bewerben. Bei der Argumentation sollten Sie weniger darüber sprechen, warum Sie den Job unbedingt wollen, als vielmehr darüber, warum das Unternehmen gerade Sie unbedingt einstellen sollte.

Das dominante Bedürfnis in unserer Gesellschaft

Suche weniger selbst zu glänzen,
als anderen die Gelegenheit zu geben,
sich von vorteilhaften Seiten zu zeigen,
wenn du gelobt werden und gefallen willst.

Adolph Freiherr von Knigge

Das folgende Ereignis liegt schon mehrere Jahre zurück, und seine Bedeutung wird aus der Tatsache ersichtlich, dass ich mich noch sehr genau daran erinnern kann.

Es war das erste Mal, dass ich in diesem Hotel ein Seminar abhielt. Dieses Seminar dauerte zwei Tage, und ich war sehr beeindruckt von der technischen Ausstattung und dem exzellenten Service. Fast ein bisschen wehmütig checkte ich am Ende des Trainings an der Rezeption aus. Eine sehr freundliche Dame legte mir die Rechnung mit der Frage vor, ob ich mit allem zufrieden gewesen sei. „Ja sehr, ich freue mich schon darauf, dass ich in fünf Wochen wieder für zwei Tage Ihr Gast sein werde", antwortete ich wahrheitsgemäß. „Aber ich freue mich auch, dass ich jetzt ein paar Tage frei habe und zum Surfen an den Gardasee fahren kann", ergänzte ich. Sie wünschte mir einen schönen Urlaub und lächelte mir freundlich zu.

Fünf Wochen später betrat ich wieder das besagte Hotel. Es ist ausgestattet mit neun Seminarräumen und besitzt eine Kapazität von 300 Zimmern. Da es in der Nähe des Münchner Flughafens liegt, sind die Fluktuation der Gäste und der Andrang im Foyer entsprechend hoch. Umso erstaunlicher, was ich dann erlebte. Als ich auf den Counter zusteuerte, lächelte mich die gleiche Dame an und begrüßte mich mit den Worten: „Hallo Herr Knigge, schön, dass Sie wieder bei uns sind." Ich war völlig überrascht, dass sie sich meinen Namen gemerkt hatte. Mit dem nächsten Satz jedoch verblüffte sie mich vollends: „Wie war es denn am Gardasee?" Ich fiel aus allen Wolken und hatte das Gefühl, schlagartig zehn Zentimeter zu wachsen!

Ich bin nicht so von mir eingenommen, dass ich diese Gedächtnisleistung auf meine Erscheinung zurückführe. Ich bin mir sicher, dass sich die Dame hinter dem Counter nach dem ersten Auschecken den Hinweis „Gardasee" hinter meinem Namen notiert hat. Aber egal, ob dies nun stimmt oder nicht, diese Begrüßung erzielte bei mir die gewünschte Wirkung, was nicht nur an dem von mir gegebenen Trinkgeld zu erkennen war.

Für die Überzeugungskraft unserer Kommunikation ist mehr als der Inhalt die Gesprächsatmosphäre verantwortlich. Unser Auftreten kann erst dann eine Wirkung erzielen, wenn es uns gelungen ist, eine die Wirkung unterstützende Atmosphäre herzustellen. Das Zugangstor für diese Atmosphäre heißt Wertschätzung. Freiherr von Knigge hat schon vor über 250 Jahren erkannt:

Wirkung durch Wertschätzung

> Der beste Weg, selbst Wertschätzung zu bekommen, ist der, Wertschätzung zu geben.

Diese Erkenntnis scheint uns weitgehend abhanden gekommen zu sein. Deshalb benötigen wir immer mehr Regeln (leider oft als Knigge-Regeln bezeichnet), die uns dann erklären, wie wir uns verhalten sollten. In dem Konkurrenzkampf (in erster Linie ist es der Kampf um Wertschätzung), in dem wir uns befinden, erntet ein erfolgreicher Kollege (oder Kollegin) eher Neid als Lob, was zu dem geflügelten Wort geführt hat, dass Neid das größte Kompliment in unserer Gesellschaft darstelle. Schöne Gesellschaft.

Die erste und entscheidende Form, Wertschätzung zum Ausdruck zu bringen, besteht in dem Signalisieren von Interesse. Ich interessiere mich für dich, weil du es wert bist. Es gibt fünf kommunikative Mittel, diese Wertschätzung zum Ausdruck zu bringen:

1. Blickkontakt
2. Zu- beziehungsweise Hinhören
3. Nachfragen
4. Individuelle Ansprache
5. Aussprechen von Lob und Anerkennung

Sie kennen vermutlich die Wirkung, die bei einem ankommt, wenn der Gesprächspartner eine SMS an jemanden verschickt und dies mit den Worten begleitet: „Reden Sie ruhig weiter, ich höre Ihnen zu." Blickkontakt signalisiert: Ich bin präsent, ich bin bei dir, du bist im Moment das Wichtigste.

Gutes Zuhören gilt, nicht zu Unrecht, als eine der Königsdisziplinen in der Kommunikation. Dies wird schon in dem alten Sprichwort „Reden ist Silber, Schweigen ist Gold" zum Ausdruck gebracht. Aufmerksames Zuhören ist keine leichte Übung. Wie wir im kontrollierten Dialog fühlen konnten, fordert es von uns mit zunehmender Dauer einen nicht unwesentlichen Energieeinsatz. Nach meinen Erfahrungen wird

Interesse und Begeisterung an Menschen müssen ehrlich sein.

diese Investition um ein Vielfaches zurückgegeben. Das größte Unglück entsteht in unserer Gesellschaft durch die Tatsache, dass wir immer mehr Begeisterung für Zahlen und Materielles entwickeln und immer weniger für Menschen. Diese Tendenz lässt eine kalte Welt entstehen, in der jeder nur noch darauf aus ist, wie er mehr als der andere bekommen und besitzen kann. Wenn wir begreifen, dass dieser Besitz nur eine mangelnde Ersatzbefriedigung für Wertschätzung, Anerkennung und Liebe ist, dann erhalten wir die Chance auf außergewöhnliche, emotionale und wertvolle Momente. Dies gelingt dann, wenn unser Interesse und unsere Begeisterung an Menschen nicht geheuchelt, sondern ehrlich sind. Mit einem grundsätzlich negativen Menschenbild wird uns dies nicht gelingen.

Meine größten Entwicklungssprünge habe ich Erlebnissen mit Menschen zu verdanken, die für mich Vorbilder geworden sind. Zum Teil durch ihre Glaubenssätze, die mir einen Zugang zu einer unerschöpflichen Energiequelle aufgezeigt haben.

Die Größe des Eisbergs
unter der Wasseroberfläche

Eine gewisse Leichtigkeit im Umgang also, die Gabe,
sich gleich bei der ersten Bekanntschaft vorteilhaft
darzustellen, mit Menschen aller Art zwanglos
sich in Gespräche einzulassen und bald zu merken,
wen man vor sich hat und was man mit jedem reden könne
und müsse, das sind Eigenschaften,
die man zu erwerben und auszubauen trachten soll.

Adolph Freiherr von Knigge

Der zunehmende Arbeitsaufwand war von unserer Assistentin Gabriela nicht mehr zu bewältigen. Aus diesem Grund entschieden mein Partner und ich, eine zusätzliche Mitarbeiterin einzustellen. Wir hatten uns bald für Karin entschieden, die mit ihren Kenntnissen eine gute Ergänzung zu Gabrielas Kompetenzen zu sein schien.

Wir waren mit der geleisteten Arbeit von Karin sehr zufrieden. Allerdings schien Gabriela in ihrer Motivation etwas nachzulassen. In den Meetings verhielt sie sich ungewöhnlich zurückhaltend, und jedes persönliche Gespräch wurde von ihr schnell abgeblockt.

Nach ein paar Wochen stellten wir eine zunehmende Verschlechterung des Arbeitsklimas fest. Es wurde nicht mehr so viel gelacht wie früher, und in den Pausen trank jeder seinen Kaffee lieber an seinem Arbeitsplatz als im Gemeinschaftsraum. Es war höchste Zeit, dieser Entwicklung entgegenzusteuern.

Ich vereinbarte mit Gabriela einen Termin außerhalb der Bürozeit und lud sie zu einem Abendessen in ein Restaurant in der Nähe ein, um mit ihr über die Situation zu sprechen. Zu Beginn des Gesprächs schien mir Gabriela sehr verunsichert. Wie sich später herausstellte, hatte sie damit gerechnet, von mir gekündigt zu werden. Diese Angst war auch der Grund für ihr verändertes Verhalten in den letzten Wochen. Karins Einstellung empfand sie als Bedrohung ihrer Position. Dass Karins Leistung sehr ansprechend war, verstärkte ihre Angst.

Ich nahm mir viel Zeit, Gabrielas Ängste auszuräumen. Tatsächlich war sie für uns unentbehrlich. Sie war seit der Gründung des Unternehmens bei uns und kannte sich in vielen Dingen besser aus als wir selbst.

Der Kommunikationspsychologe Friedemann Schulz von Thun hat in seinem Nachrichtenquadrat die Kommunikation in vier Bereiche unterteilt. Danach stecken in jeder Nachricht vier Seiten:

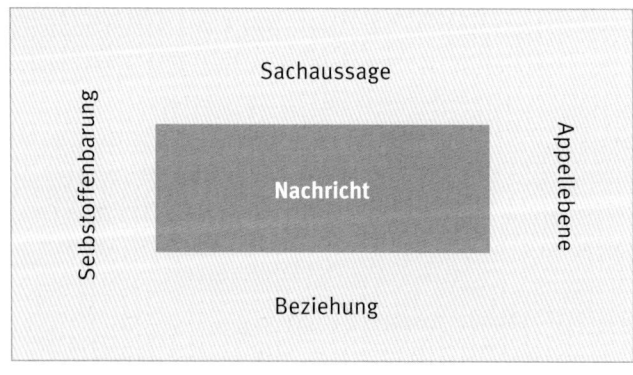

Ein Beispiel soll Ihnen diese Aufteilung einer Nachricht verdeutlichen.

Der Vorgesetzte sagt zu seinem Mitarbeiter: „Diesmal möchte ich das Ergebnis rechtzeitig haben."

Sachaussage: Das nächste Ergebnis soll mich pünktlich erreichen.

Selbstoffenbarung: Es ist **mir wichtig**, dieses Ergebnis rechtzeitig zu erhalten. Ich bin **verärgert**, weil es das letzte Mal (oder die letzten Male) nicht geklappt hat.

Appellebene: Achten Sie darauf, dass es diesmal klappt. Sie sollten schneller arbeiten. Akzeptieren Sie meine Anweisungen.

Beziehungsebene: Ich bin Ihr Vorgesetzter. Ich fühle mich von Ihnen nicht ernst genommen.

Bei der Aufschlüsselung in die einzelnen Ebenen spielt die Betonung der ausgesprochenen Nachricht eine sehr große Rolle. „Sie sind für mich das Größte" kann je nach Betonung ein großes Lob oder aber genau das Gegenteil bedeuten.

Jede Nachricht beinhaltet die vier angesprochenen Ebenen. Die Gewichtung kann deutlich differieren. Aus Sicht des

Vorgesetzten könnte die Gewichtung auf allen der vier Ebenen liegen. Die Nachricht allein lässt darüber keine eindeutige Festlegung zu. Dies bedeutet jedoch auch, dass der Empfänger die freie Wahl hat, in welcher Ebene er den Schwerpunkt vermutet. Dies kann zu sehr unterschiedlichen Reaktionen führen. Bewertet der Mitarbeiter den Schwerpunkt der Nachricht in der Selbstoffenbarung, wird er sich darüber Gedanken machen, warum der Chef so eine schlechte Laune hat, und ihm vielleicht eine Tasse Kaffee bringen. Die Reaktion auf die Appellebene wäre das Bemühen um eine schnellere Arbeitsweise, während der Schwerpunkt auf der Beziehungsebene zur Folge haben könnte, dass der Mitarbeiter den Chef noch mehr ignoriert, um ihm zu zeigen, dass er nichts von ihm hält. Oder er vermutet, dass der Chef ihn schikaniert, weil er ihn nicht mag, und beginnt eine Grundsatzdiskussion.

Vier Ebenen einer Nachricht

Der sensible Bereich in der Kommunikation ist die Beziehungsebene. Hinter den meisten Auseinandersetzungen auf der Sachebene verbergen sich in Wahrheit Störungen auf der Beziehungsebene:

- Der Kollege, der ständig die Arbeit des anderen kritisiert, weil er in Wirklichkeit neidisch auf dessen Fähigkeiten ist.

- Der Mitarbeiter, der die Anweisungen seines Chefs immer wieder ignoriert, weil er sich von diesem bevormundet fühlt.
- Der Chef, der dem Mitarbeiter ständig Anweisungen erteilt, weil er ihn disziplinieren will.

Der Versuch, in solchen Fällen die Probleme auf der Sachebene auszutragen, muss scheitern, da das wirkliche Problem damit nicht gelöst werden kann. Wie hätte sich zum Beispiel der Konflikt zwischen Gabriela und Karin entwickelt? Gabriela hätte sehr wahrscheinlich verstärkt die Arbeit von Karin kritisiert. Sie hätte sich vermutlich auf ständige Fehlersuche begeben. Karin hätte sich gegen diese andauernde Kontrolle zur Wehr gesetzt und auf die Zuständigkeiten Gabrielas verwiesen. Dadurch hätte sich diese noch mehr missachtet gefühlt, und eine Eskalation der Auseinandersetzung wäre immer wahrscheinlicher geworden.

Entschärft werden konnte dieser Konflikt nur durch eine Klärung auf der Beziehungsebene. Dies heißt nicht, dass die beiden ein freundschaftliches Verhältnis eingehen müssen. Für die gute Zusammenarbeit reicht die gegenseitige Akzeptanz aus.

Während eines Trainings von Verkäufern einer exklusiven Automarke bemerkte ich eine andere interessante Situation.

In dem Rollenspiel versuchte der Verkäufer, die Inhaberin einer Modeboutique als Kundin zu akquirieren. Diese argumentierte, dass sie mit ihrem sportlichen Kleinwagen sehr zufrieden und dieser zudem wesentlich günstiger sei. Darauf entgegnete der Automobilberater, dass die Marke, die er vertrete, Premiumprodukte herstelle und dabei großen Wert auf Qualität lege.

Der Verkäufer beabsichtigte mit dieser Formulierung, die Wertigkeit seines Produkts positiv darzustellen. Die Kundin nahm diese Aussage jedoch auf der Beziehungsebene auf. Auf sie wirkte die Äußerung arrogant und herabsetzend – als ob sie wohl keinen Wert auf Qualität legen würde oder sich ein teures Auto nicht leisten könne! Diese Bewertung auf der Beziehungsebene verhinderte eine weitere erfolgreiche Kommunikation. Hätte der Verkäufer den Satz etwas anders formuliert, wäre er dieser Gefahr aus dem Weg gegangen: „Für Sie als Besitzerin einer Modeboutique spielen Design und Qualität bestimmt eine wichtige Rolle. Bei unseren Fahrzeugen legen wir besonderen Wert darauf, dass … Wäre das für Sie beim Kauf eines Neuwagens ein interessanter Aspekt?"

Die Vermischung von Sach- und Beziehungsebene ist in vielen Fällen die Ursache für Konflikte und Misserfolge. Dies gilt für das Privatleben genauso wie für den Beruf. In einer Zeit, in der Produkte in Qualität, Leistung und Preis immer ähnlicher werden, wächst gerade im Verkauf die

Bedeutung von Sympathie und Antipathie zwischen Berater und Kunden. Im innerbetrieblichen Bereich führen Störungen auf der Beziehungsebene zu gravierenden Energieverlusten. Nach einer aktuellen Studie ist ein schlechtes Betriebsklima der Motivationskiller Nummer eins. Einer bereits vorhandenen Störung kann mit zwei Strategien entgegengewirkt werden:

Vermischung von Sach- und Beziehungsebene

1. Appell zu Sachlichkeit:
In den Fällen, in denen sich die Störung noch im Anfangsstadium befindet und ein Ergebnis unter einem gewissen Zeitdruck erreicht werden muss, kann dieser Appell zur Versachlichung der Argumentations- und Arbeitsweise durchaus kurzfristig zum Erfolg führen.

2. Die Beziehung zum Thema machen:
Hat das Beziehungsproblem eine gewisse Dimension angenommen, ist ein offenes Gespräch mit den Beteiligten erforderlich. Wird dieses Gespräch in einer entspannten Atmosphäre und ehrlich geführt, werden sich sehr oft Fehlinterpretationen und Vorurteile klären lassen.

Ob dieses Gespräch zu einer Verbesserung des Klimas führt, wird dabei von der Kompetenz abhängen, Kritik aussprechen zu können, ohne die Persönlichkeit des anderen zu verletzen.

Chancen für persönliches Wachsen

Gehe von niemand und lass niemand von dir, ohne ihm etwas Lehrreiches oder etwas Verbindliches gesagt und mit auf den Weg gegeben zu haben; aber beides auf eine Art, die ihm wohl tue, seine Bescheidenheit nicht empöre und nicht studiert scheine ... und dass er fühle, du nehmest Interesse an seiner Person, es gehe dir von Herzen, du verkaufest nicht bloß deine Höflichkeitsware ohne Unterschied jedem Vorübergehenden.

Adolph Freiherr von Knigge

Die Tochter war immer noch nicht zu Hause. Obwohl fest vereinbart war, dass sie um 23 Uhr zurück sein sollte. Inzwischen war es kurz vor ein Uhr, und sie war immer noch nicht von der Party irgendeines Schulkameraden zurück. Auf dem Handy ging nur die Mailbox an. In der Zwischenzeit hatte die Mutter einige Gefühlsschwankungen durchlebt. Gegen 23 Uhr hatte sie voller Erwartung auf das Erscheinen ihrer Tochter gewartet. Gegen halb zwölf hatte sich der anfängliche Ärger in Wut gesteigert. Um halb eins war von der Wut nichts mehr übrig geblieben, denn jetzt war die Sorge, dass der Tochter etwas zugestoßen sein konnte, das beherrschende Gefühl. Diese Sorge war gerade dabei, sich in Panik zu verwandeln, als die Haustür aufging.

„Wo kommst du denn jetzt her. Bist du völlig übergeschnappt? Schau mal auf die Uhr, wo warst du so lange? Geh ins Bett, wir sprechen uns morgen." So in etwa fiel die Begrüßung aus.

Am nächsten Morgen war die Stimmung am Frühstückstisch ziemlich miserabel. Die Mutter hatte vergebens auf eine Entschuldigung gewartet. *Die Tochter hatte sich zu Unrecht attackiert gefühlt und schmollte deshalb. Sie hatte einfach beim Feiern die Zeit völlig übersehen. Da sie etwas getrunken hatte, wollte sie nicht mehr mit dem Motorroller fahren und musste jemanden finden, der sie nach Hause fuhr.*

Sowohl im Privat- wie auch im Berufsleben kommen wir immer wieder einmal in die Situation, unangenehme Dinge ansprechen zu müssen. Das richtige Kritisieren ist schon deshalb eine Kunst, weil wir uns dabei nicht selten sehr eng der Persönlichkeit des anderen nähern. Einigen Menschen scheint das Kritisieren dagegen so einen Spaß zu machen, dass sie den ganzen Tag nicht davon lassen. In diesen Fällen liegt die Motivation zur Kritik in dem Beziehungskampf um Macht und Energien. Nicht selten soll dabei zusätzlich von einem mangelnden Selbstwertgefühl abgelenkt werden.

Motivation und Intention spielen beim richtigen Kritisieren eine wesentliche Rolle. Was ist die Zielsetzung unserer Kritik? Was wollen wir damit erreichen? Wir kritisieren grundsätzlich aus vier verschiedenen Gründen:

Was ist die Zielsetzung unserer Kritik?

1. Kampf um Macht und Energie
2. Frust abbauen
3. Rache
4. Dem Kritisierten einen Impuls zur Veränderung geben

In jedem Fall sollte ich mir vorher meiner Motivation zum Kritisieren bewusst werden. Denn erst dann kann ich eine effektive Methode zur Zielerreichung auswählen. Hätte die Mutter bewusst eine Verhaltensänderung bei ihrer Tochter angestrebt, wäre ihre Wahl bestimmt auf eine andere Vorgehensweise gefallen.

Den wohl häufigsten Anlass zur Kritik stellt der Kampf um Macht und Energie dar. Kritisiere ich den anderen, signalisiere ich damit gleichzeitig, dass ich mich in der Rolle fühle, ihn kritisieren zu dürfen. Dieses Verhalten gleicht sehr den Hierarchieritualen in der Tierwelt. Da wir den anderen aber nicht beißen oder treten dürfen, greifen wir zu dem Mittel der Kritik. Sollte der Kritisierte dies jedoch nicht akzeptieren und sich wehren, befinden wir uns schnell in einem Streit, in dem es vordergründig um die angesprochene Sache geht, es sich tatsächlich aber um einen Positionskampf handelt. Diese Kämpfe können dann ein Leben lang anhalten, ohne zu einer Klärung zu führen.

Das zweite Motiv ist das des Frustabbaus. Ich hatte einen stressigen Tag, an dessen Ende ein unangenehmes Gespräch mit dem Chef stattfand. Es tut gut, dann auf einen Kollegen zurückgreifen zu können, dem man schon lange einmal „die Meinung geigen" wollte. Die Formulierung der „Kritik" fällt dann entsprechend aus; die Kritik selbst ist aber in dem Moment eigentlich gar nicht so wichtig.

Der dritte Auslöser für Kritik ist dem vorangegangenen sehr ähnlich, unterscheidet sich nur dadurch, dass sich meine Aktion nicht gegen den Kollegen, sondern den Auslöser meines Frusts, den Chef, richtet. Kritik üben aus Rache ist ein beliebtes Gesellschaftsspiel, das mit einer faszinierenden Ausdauer gespielt wird.

Das einzig berechtigte Motiv für Kritik jedoch ist die gut gemeinte Impulsgabe für eine Verhaltensänderung. Gut gemeint bedeutet in diesem Fall, dass die angesprochene Verhaltensänderung einen Nutzen für den Kritisierten zur Folge hat, ihm ein Fehlverhalten spiegelt, das ihm selbst noch nicht aufgefallen ist oder für das er noch keine Alternativen gefunden hat.

> Kritik bedeutet eine Hilfestellung zur positiven Veränderung.

Die Kritik sollte deshalb immer das Aufzeigen einer Lösungsmöglichkeit beinhalten. Um das Ziel der Veränderung zu erreichen, sollten wir es dem Angesprochenen so leicht wie möglich machen. Es kommt in diesem Fall sehr stark auf die Formulierung an. Mithilfe eines Beispiels finden wir die richtigen Zutaten.

Der Chef hat mich zur Schnecke gemacht. Bei dem Inhalt der Kritik hatte er nicht Unrecht, aber die Art und Weise, wie er es mir gesagt hat, ärgert mich. Ich entschließe mich dazu, ihm dies zu sagen. Meine Motivation für diese Kritik ist nicht Rache, sondern der Versuch, ihm einen Impuls zur Veränderung zu geben und damit eine Wiederholung in Zukunft zu vermeiden.

Welche Rahmenbedingungen würden Sie für dieses Gespräch wählen, und wie würden Sie die Kritik formulieren? Nehmen Sie sich etwas Zeit, diese Fragen zu beantworten.

Um die Chance, eine Verhaltensänderung bei dem Kritisierten auszulösen, möglichst hoch zu halten, sind folgende Aspekte zu beachten: Bei der Wahl des Zeitpunktes sollten Sie warten, bis Sie ein normales Erregungsniveau erreicht haben, das Ihnen eine sachliche Formulierung ermöglicht. Warten Sie aber nicht zu lange, weil sonst die Gefahr besteht, dass Sie dieses Gespräch dann doch nicht führen. Bei einem normalen Verhältnis zwischen Ihnen und Ihrem Chef ist ein Gespräch unter vier Augen am besten geeignet.

Bei der Formulierung sollten Sie folgende Punkte berücksichtigen:
- Den konkreten Sachverhalt ansprechen.
- Wie hat das Verhalten auf mich gewirkt?

- Wie hätte ich mir die Kritik gewünscht beziehungsweise wünsche ich sie mir in der Zukunft?
- Ich-Formulierungen verwenden.

Konkreten Sachverhalt ansprechen

Mit der Konkretisierung kommt zum Ausdruck, dass nicht die ganze Person, sondern ein bestimmtes Verhalten angesprochen wird. „Ihre Art, mit Mitarbeitern umzugehen, ist falsch!" ist derart pauschal, dass der Kritisierte, selbst bei höchster Motivation, etwas zu verändern, gar nicht weiß, was er verändern soll und wo er ansetzen kann. Es ist für den Angesprochenen auch wesentlich leichter, Pauschalvorwürfe zu entkräften. Deshalb: „Sie haben mich vorhin vor Kunden und Kollegen kritisiert."

Wie hat das Verhalten auf mich gewirkt?

Dieser Punkt spricht die Gefühlsebene an. Wir sind darauf trainiert, unsere Gefühle zu verbergen. Bei einem Kritikgespräch können Emotionen aber die besten Argumente sein: „Das macht mich traurig", „Es hat mich verletzt", „Ich habe mich darüber geärgert" oder wie hier: „Ich fühle mich dadurch vor den Kunden bloßgestellt". Über Gefühle lässt sich nicht streiten. Wenn dieses Gefühl bei Ihnen ausgelöst wurde, kann Ihr Chef es nicht dementieren.

Wie hätte ich mir die Kritik gewünscht beziehungsweise wünsche ich sie mir in Zukunft?

Kritik soll immer konstruktiv sein. Sie soll einen Vorschlag enthalten, der dem Angesprochenen eine Lösung anzeigt und ihm signalisiert, dass es um eine Verbesserung der Situation geht: „Ich finde es besser, wenn wir diese Gespräche unter vier Augen führen."

Ich-Formulierungen verwenden

Allgemein gehaltene Formulierungen, etwa mit „man", sind wenig hilfreich. Sie bewirken eine Atmosphäre des Attackierens und Angreifens und wecken daher bei dem Gegenüber Widerstand. Beim richtigen Kritisieren geht es nicht darum, Regeln und Gesetze festzulegen, sondern einen persönlichen Konflikt zu klären. Ich-Formulierungen bringen die Subjektivität der Wahrnehmung zum Ausdruck.

Umgang mit erhaltender Kritik

Kritisiert zu werden ist immer eine unangenehme Situation. Daraus resultiert ein häufig auftretendes Reaktionsverhalten, das Kritik sinnlos macht: Zuallererst zweifeln wir den Inhalt der Kritik an und suchen nach Beweisen, die diese Unrichtigkeit belegen. Wenn uns das nicht gelingt, beginnen wir damit, unser Fehlverhalten zu rechtfertigen. Wenn uns dies auch nicht so recht gelingt,

Kritik als Chance zur Weiterentwicklung

drehen wir den Spieß einfach um: „Der braucht gerade reden …, der hat doch selbst …" Diese Reaktionen verdammen jedes auch noch so gut gemeinte und geführte Kritikgespräch zu einem wirkungslosen Instrument der Kommunikation.

Gut gemeinte Kritik beinhaltet die Chance zur Weiterentwicklung. Nutzen Sie diese Möglichkeit, wenn jemand den Mut aufbringt, Sie auf persönliche Potenziale hinzuweisen, die Sie selbst so nie wahrnehmen könnten. Falls Sie nicht sicher sind, fragen Sie einen Dritten, ob diese Kritik berechtigt sein könnte. Suchen Sie sich dabei jemanden aus, von dem Sie sicher sind, dass er ehrlich zu Ihnen ist.

Ist die Kritik berechtigt, denken Sie über die genannten Lösungen nach oder entwickeln Sie eigene. Setzen Sie diese Lösungen um, und testen Sie die Reaktionen. Vielleicht werden Sie sich bei Ihrem Kritiker später für die Kritik bedanken.

Basis für langfristige Erfolgsgeschichten

Keine Regel ist so allgemein wie die:
unverbrüchlich, auch in den geringsten Kleinigkeiten,
Wort zu halten, seiner Zusage treu und stets wahrhaftig
zu sein in seinen Reden.   Adolph Freiherr von Knigge

Nachdem die Präsentation beendet war, saßen wir im Büro des Schulungsleiters, um offene Fragen zu klären. Die Fluggesellschaft, für die dieser Schulungsleiter arbeitete, hatte Interesse an einem Training signalisiert, welches das Bodenpersonal im Umgang mit schwierigen Passagieren schulen sollte. Neben mir saß ein Trainer, der seit Kurzem für uns arbeitete und der mir bei der Präsentation assistiert hatte.

„Wie viel würde uns denn die Schulung kosten?", fragte der Verantwortliche der Fluggesellschaft. Ich nannte ihm den Betrag und wartete auf seine Reaktion. „Wissen Sie, die Präsentation fand ich sehr beeindruckend, aber im Vergleich zu Ihren Mitbewerbern sind Sie ganz schön teuer." Ich liebe diesen Einwand, und zwar aus einem einfachen Grund. Zum einen bedeuten Einwände immer ein grundsätzliches Interesse, und zum anderen bin ich natürlich auf keinen Einwand so gut vorbereitet wie auf diesen. Ich war es auch gewohnt, bei einem derartigen Auftrag im Wettbewerb mit anderen Trainingsunternehmen zu stehen.
„Stimmt, dieses Training ist nicht billig", reagierte ich. „Wir haben die Erfahrung gemacht, dass das Wichtigste an Schulungsmaßnahmen die Behaltens- und Umsetzungsquote ist. Was wird wirklich davon umgesetzt? Unsere Kontrollmaßnahmen zeigen, dass unsere Trainings

hier herausragende Ergebnisse erzielen – und Sie entscheiden, ob Ihnen das etwas wert ist." Jetzt war es wichtig, nicht weiterzusprechen, sondern in Ruhe abzuwarten. Auch mein Verhandlungspartner schwieg. So ein Schweigen in einem völlig ruhigen Büro kann ganz schön bedrückend wirken. Jetzt nur nicht die Nerven verlieren und weiterplappern oder gar Zugeständnisse machen.

Diese Weisheiten hätte ich vor dem Gespräch wohl auch an meinen jüngeren Kollegen weitergeben sollen. Ich bemerkte, dass ihm das lange Schweigen offensichtlich unangenehm war. Er begann, auf seinem Stuhl hin und her zu rutschen. Für mich war klar: Wer jetzt das Schweigen zuerst brach, war auf dem Rückzug. Der Schulungsleiter wollte gerade antworten, doch mein Partner kam ihm zuvor: „Das hängt natürlich auch von der Anzahl der Trainingstage ab, ab einem gewissen Volumen geben wir schon mal einen Nachlass."

Nachdem wir die nächsten Minuten über die Höhe des Nachlasses diskutiert hatten, äußerte der Schulungsleiter, dass er die Auftragsvergabe noch von dem Budgetverantwortlichen absegnen lassen müsse. Es wäre jetzt ein Fehler gewesen, einfach aufzustehen und sich zu verabschieden. Also stellte ich ihm die folgende Frage: „Angenommen, der Verantwortliche würde das Budget freigeben: Gibt es darüber hinaus noch Dinge, die wir klären müssten, oder würden wir die Trainingsreihe dann durchführen?" Nach der Bejahung der Frage blieb ich weiter am Ball. „Wann, glauben Sie, werden Sie diese Entscheidung eingeholt haben?" „In zwei Wochen, gut, dann werden wir uns in zwei Wochen bei Ihnen melden, um die nächsten Schritte zu planen."

Beim Umgang mit Einwänden ist das Wichtigste, sie nicht als Angriff, sondern als Interesse zu bewerten und deshalb nicht nervös zu werden. Viele Menschen reagieren in Verhandlungen auf Einwände gereizt: „Was heißt hier teuer?" Dabei bedeutet jede geklärte Frage einen Schritt zur Vereinbarung. Ohne Einwände würde Verhandeln gar keinen Spaß machen. Wenn überhaupt, können uns nur Einwände verunsichern, die wir nicht kennen.

Ganz entscheidend ist die Reaktion, weil sie signalisiert, ob Sie ein schlechtes Gewissen haben oder wirklich von Ihrem Standpunkt überzeugt sind. Folgende Punkte sind dabei wichtig:

- Zeigen Sie Verständnis für den Einwand, gehen Sie nicht auf Konfrontation: „Stimmt, … ich verstehe Ihren Einwand, … an Ihrer Stelle würde mich das auch interessieren …" sind mögliche Einleitungen, die dies zum Ausdruck bringen. Setzen Sie diesen Satz auf keinen Fall mit „aber" fort! Es würde das gegebene Signal zunichtemachen.

- Fassen Sie noch einmal das entscheidende Argument oder den entscheidenden Nutzen kurz zusammen. Kurz ist deshalb so wichtig, weil Sie sonst in Gefahr geraten, sich zu rechtfertigen und ein schlechtes Gewissen zu zeigen.

■ Signalisieren Sie dem Gesprächspartner ganz klar, dass es in seiner Entscheidung liegt, ob er diesen Vorteil nutzen will. Dabei ist Ihr Gedanke nicht: „Selbst schuld, wenn Sie es nicht tun", sondern: „Ich akzeptiere Ihre Entscheidung, egal, wie sie ausfällt."

Neben der Behandlung von Einwänden ist die Führung zu einem Ergebnis eine wichtige Kompetenz des Verhandelns. Es geht dabei darum, klare Vereinbarungen, bei denen sich alle als Gewinner fühlen, zu erreichen. Das Einhalten dieser Vereinbarungen stellt eine logische Konsequenz dar. Dieses Ziel bei der Gesprächsführung nicht aus den Augen zu verlieren, bedeutet nicht, dass ich das Ergebnis vorgebe. In den meisten Fällen ist es von Vorteil, die Lösungsvorschläge des Partners zu erfragen. „Was schlagen Sie vor?" ist eine Frage, die vor allem bei festgefahrenen Verhandlungen ein versöhnliches Signal sendet und zugleich eine Lösungsorientierung vorgibt.

Nachwort

Die Themen Ausstrahlung und Wirkung faszinieren mich von Anfang an. Dies scheint in der Familie zu liegen. Denn bereits Freiherr Adolph Knigge hat sich vor mehr als 200 Jahren in seinen Texten mit diesen Themen beschäftigt und nicht, wie allgemein angenommen, mit Benimmregeln.

Regeln sind wie Krücken. Sie helfen uns, im Umgang miteinander zurechtzukommen und die schlimmsten Fehler zu vermeiden. Wer allerdings verstanden hat, worauf es wirklich ankommt und welcher Sinn hinter den Regeln steht, wird diese Regeln nicht mehr benötigen.

Genauso verhält es sich beim Thema Ausstrahlung. Wer den Ursprung einer magischen Ausstrahlung erkannt hat und die Erkenntnisse in sein Leben integriert, braucht sich um seine Wirkung auf andere keine Gedanken mehr zu machen.

An dieser Stelle möchte ich mich insbesondere bei Florian Falkenberg von Falkenberg Training für seinen wissenschaftlich fundierten Beitrag zum Thema Glück bedanken.

Ein besonderer Dank gilt meiner Literaturagentin, Frau Christine M. Huber, die mich bei der Entwicklung dieses Buches mit der gewohnten Geduld und zahlreichen wertvollen Tipps begleitet hat. Dank gebührt auch meinen Freunden und Kollegen Bello, Robert, Harald und Olaf, die mich immer aufs Neue inspirieren.

… und meiner Tochter Paula, die mir jeden Tag zeigt, welch unglaubliche Wirkung durch eine hohe Ausstrahlung freigesetzt wird.

Werner Knigge

Literatur

Literaturhinweise zur Metastudie „Erkenntnisse aus der Glücksforschung":

Argyle, M. (2002): The psychology of happiness. London: Routledge.

Blumenthal, J. A. et al. (1999): Effects of exercise training on older patients with major depression. Archives of Internal Medicine, 159, 2349–2356.

Bucher, A. (2009): Psychologie des Glücks. Weinheim: Beltz.

Ekman, P. (2010): Gefühle lesen. Heidelberg: Spektrum Akademischer Verlag.

Fordyce, M. W. (2000): Human happiness – its nature and its attainment. http://www.gethappy.net/freebook.htm (Stand: 12.10.2010)

Frank, R. (2007a): Körperliches Wohlbefinden durch Selbstregulation verbessern. In: Dies. (Hrsg.): Therapieziel Wohlbefinden. Ressourcen aktivieren in der Psychotherapie, S. 131–144. Heidelberg: Springer.

Lyubomirsky, S., Sheldon, K. M., Schkade, D. (2005): Pursuing happiness: The architecture of sustainable change. Review of General Psychology, 9, 111–131.

McCullough, M. E., Tsang, J. A., Emmons, R. A. (2004): Gratitude in intermediate affective terrain. Journal of Personality and Social Psychology, 86, 295–309.

Segrin, C., Taylor, M. (2007): Positive interpersonal relationships mediate the association between social skills and psychological well-being. Personality and Individual Differences, 43, 637–646.

Witvliet, C. V., Ludwig, T., Vander Laan, K. (2001): Granting forgiveness of harbouring grudges: Implications for emotion, physiology, and health. Psychological Science, 12, 117–123.

Weitere Informationen und Wissenswertes finden Sie in folgenden Büchern:

Dombrowski, Theodor: Charisma. Das Geheimnis der persönlichen Ausstrahlung, Bastei Lübbe Verlag

Enkelmann, Claudia E.: Einfach mehr Charisma, Linde Verlag

Först, Regina: Wie ich mein Charisma entfalte, Kösel-Verlag

Nuber, Claudia: Auffallend gut, Redline Wirtschaft

Reiter, Michael A.: Ihre Ausstrahlung erkennen, entwickeln und bewusst leben, Haufe-Lexware

Ruck, Karin: Souveräner Auftritt für Frauen, Redline Wirtschaft

Wlodarek, Eva: Mich übersieht keiner: Größere Ausstrahlung gewinnen, Fischer Taschenbuch Verlag

Kurzdaten zum Verfasser der Metastudie „Erkenntnisse aus der Glücksforschung"

Als freiberuflicher Trainer und Coach ist Florian Falkenberg seit vielen Jahren erfolgreich in der Automobil-, Finanz-, Mode- und IT-Branche tätig. Seine Zielgruppe sind vor allem Fach- und Führungskräfte sowie High Potentials. Zu seinen Seminarschwerpunkten zählen unter anderem Kommunikation, Persönlichkeitsentwicklung und Emotionale Intelligenz.

Auch auf dem Gebiet des Emotionsmanagement-Coachings hat er sich inzwischen einen Namen gemacht; hier verfolgt er den Ansatz, eine erfolgreiche Einheit aus Verstand, Gefühl und Handeln herzustellen.

Weitere Informationen und Wissenswertes finden Sie unter www.Falkenberg-Seminare.de.

Zum Autor

„Mit Ausstrahlung und Kommunikationskompetenz zur entscheidenden Wirkung": Werner Knigge hat das Erbe seines berühmten Verwandten übernommen und dessen Erkenntnisse „über den Umgang mit Menschen" für die Anforderungen der heutigen Zeit übersetzt.

Über 15 Jahre coachte und trainierte er Krisen-Interventionsteams der Polizei in Niedersachsen und Bayern im Umgang mit Menschen in Extremsituationen. Der ehemalige Erstliga-Basketballtrainer und diplomierte Experte für Unternehmensorganisation hat seine Erfolge im Bereich Kommunikationstraining noch getoppt. Unter dem Motto „Training mit Wirkung" leitet er für marktführende Unternehmen Seminare zu den Themen Erfolgsstrategien, Verhandlung und Teameffizienz. Aus seiner Spontaneität und seinem Charisma erwächst ein Training, das unter dem Motto „Mache die Ziele deiner Kunden zu den eigenen" Wirkung erzielt. Er begeistert seine Teilnehmer vor allem durch Praxisnähe und die Fähigkeit der Identifikation.

Nähere Informationen unter www.vivendi-concept.de.

Register

Dieter J. Zittlau

Small Talk

Was kann ich sagen?

**Wie vermeide ich
peinliche Situationen?**

**Wie überzeuge ich
im Gespräch?**

humboldt – Information & Wissen
180 Seiten, 12,5 x 18,0 cm, Broschur
ISBN 978-3-86910-012-8
€ 9,95

In vielen privaten und beruflichen Situationen ist Small Talk un-
vermeidlich. Doch wie führe ich Gespräche, ohne oberflächlich zu
wirken oder peinliche Pausen entstehen zu lassen? Dieser Ratgeber
zeigt Ihnen, wie Sie ein charmanter und kluger Gesprächspartner
werden.

„Buch-Tipp: Ein charmanter, kluger Gesprächspartner zu sein, das
lässt sich erlernen. Viele Anregungen finden Sie in dem Ratgeber
»Small Talk«.   *Laura*

Dieter J. Zittlau

Schlagfertig kontern

Ein Übungsbuch

humboldt –
Psychologie & Lebensgestaltung
216 Seiten, 12,5 x 18,0 cm, Broschur
ISBN 978-3-86910-460-7
€ 9,90

Schlagfertigkeit ist die Fähigkeit, im richtigen Moment das Richtige zu sagen. Ärgert man sich über eine dumme, anzügliche oder gar aggressive Bemerkung seines Gesprächspartners, fällt es oft schwer, spontan und geistreich zu reagieren. Trainieren Sie mit diesem Buch!

„In verständlicher Sprache erklärt der Dozent für Psychologie und Managementtraining Grundbegriffe der Psychologie und nennt einfache Übungen, mit denen das Selbstbewusstsein gesteigert werden könne."   *Die Welt*

Ann-Christin Baßin

Sicheres Auftreten

Das Erfolgstraining für ein selbstbewusstes Leben

So verbessern Sie Körpersprache, Stimme und Selbstvertrauen

2., aktualisierte Auflage

humboldt –
Psychologie & Lebensgestaltung
184 Seiten, 12,5 x 18,0 cm, Broschur
ISBN 978-3-86910-478-2
€ 9,95

Wie vermeide ich Schüchternheit und Versagensängste? Wie wirke ich souveräner auf andere? Schüchterne Menschen müssen immer wieder Selbstzweifel überwinden. Dabei ist sicheres Auftreten grundsätzlich leicht: Sogar die Körpersprache und die eigene Stimme lassen sich problemlos trainieren. Neben vielen Übungen gibt dieser Ratgeber wertvolle Tipps für ein selbstbewusstes Leben.